Von den Gedichten und Bildergeschichten, die Robert Gernhardt 1981 unter dem Titel *Wörtersee* zusammengefaßt hat und die seitdem mehrere Auflagen erlebten, sind viele zu Legenden geworden: »*Bilden Sie mal einen Satz mit* pervers – Ja, meine Reime sind recht teuer: per Vers bekomm ich tausend Eier.« Immer wieder zitiert, sind sie eingegangen in den deutschen Sprachschatz wie manche Cartoons von Loriot. Loriot und Robert Gernhardt – wie früher Wilhelm Busch haben sie Text und Bild in ein unzertrennbares, Auge und Ohr gleichermaßen betörendes Ganzes verwandelt. Die Komik der Gernhardtschen Texte und Zeichnungen beruht auf einer Gratwanderung zwischen Sinn und Unsinn, Feinem und Derbem, Ernst und Spaß. Daß sich die Gedichte auf Vorbilder beziehen, auf Autoren genauso wie auf literarische Formen, ist ein Indiz unter vielen dafür, daß sie kunstvoller sind, als sie zunächst scheinen. Der Reiz dieser berühmt gewordenen Gedichte und Bildergeschichten des neugierigen Sprach- und Zeichenkünstlers Robert Gernhardt liegt in ihrer klugen, kritischen Geistesgegenwart bei gleichzeitig höchstem Unterhaltungswert: »*Bilden Sie mal noch einen Satz mit Garant* – Der Hase trug den Kopfverband, seitdem er an die Wand garant.«

Robert Gernhardt, 1937 in Reval / Estland geboren, studierte Malerei und Germanistik in Stuttgart und Berlin. Er lebte als freier Schriftsteller, Maler, Zeichner und Karikaturist in Frankfurt am Main, wo er 2006 starb. Er veröffentlichte zahlreiche Gedichtbände, u. a. »Wörtersee«, »Körper in Cafés«, »Lichte Gedichte«, »Im Glück und anderswo«. Zuletzt erschienen »Später Spagat« (2006), »Die K-Gedichte« (2004) sowie die Zeichnungen zum »Randfigurenkabinett des Doktor Thomas Mann« (2005). Informationen zum Werk bietet der Band »Alles über den Künstler«, herausgegeben von Lutz Hagestedt. Für sein umfangreiches Werk wurde Robert Gernhardt mit zahlreichen Preisen geehrt, u. a. mit dem Bertolt-Brecht-Preis, dem Erich-Kästner-Preis, dem Joachim-Ringelnatz-Preis und dem Heinrich-Heine-Preis.

Unsere Adresse im Internet: www.fischerverlage.de

Robert Gernhardt
Wörtersee
Gedichte

Fischer Taschenbuch Verlag

11. Auflage: Juli 2006

Veröffentlicht im Fischer Taschenbuch Verlag,
einem Unternehmen der S. Fischer Verlag GmbH,
Frankfurt am Main, August 1996

Lizenzausgabe mit freundlicher Genehmigung
von www.zweitausendeins.de, Postfach, D-60381 Frankfurt am Main
Copyright © by Robert Gernhardt 1981
Gesamtherstellung: Clausen & Bosse, Leck
Printed in Germany
ISBN-13: 978-3-596-13226-3
ISBN-10: 3-596-13226-6

Sonne und Mond sind mein einziger Verkehr.
Vielleicht noch das Feuer,
vielleicht noch das Meer.

Alfred Mombert

Die große Menge wird mich nie begreifen,
die Pfeifen.

R. G.

Als Ausnahmen merk dir genau:
der Milchmann, doch *die* Eierfrau.

Volksmund

I VERTRAUTE LAUTE

Komm, erstes Wort

Komm, erstes Wort,
langersehntes,
Geschenk du der Götter, die
den Dichter beschenken mit
herrlichen alten Weinen
wie dem von Castiglioncelli
und mit
herrlichen ersten Worten
wie
„Komm, erstes Wort."

Schwanengesang

Was wollen die Schwäne uns sagen?
Wir leben und schweben
wir kreisen und weisen
wir finden und binden
wir ketten und retten
wir halten und walten
wir schlichten und richten
wir sind überhaupt ganz tolle Vögel –
das wollen die Schwäne uns sagen.

Paris ojaja

Oja! Auch ich war in Parih
Oja! Ich sah den Luver
Oja! Ich hörte an der Sehn
die Wifdegohle-Rufer

Oja! Ich kenn' die Tüllerien
Oja! Das Schöhdepohme
Oja! Ich ging von Notterdam
a pjeh zum Plahs Wangdohme

Oja! Ich war in Sackerköhr
Oja! Auf dem Mongmatter
Oja! Ich traf am Mongpahnass
den Dichter Schang Poll Satter

Oja! Ich kenne mein Parih.
Mäh wih!

3001 – Ufos greifen an

Welch ein Surren, welch ein Glänzen,
oben fliegt ein Ufo, Mann!
Extraterrestrische
Intelligenzen
setzen zur Landung an!

Tiefer zieht es, immer tiefer,
Vater, was ein Flugobjekt!
Ist geformt wie eine Kiefer –
weiß der Himmel, wer drin steckt!

Gott, jetzt ist das Ding gelandet!
Langsam öffnet sich ein Spalt –
nein, was für ein fremdes Wesen
unmenschlich und unbeschreiblich
weder männlich, weder weiblich
nie gesehen, nie gelesen
sich dort in den Ausstieg krallt:

Hilfe!

Ein Septembernachmittag in der Heide

Immer wieder zieht der alte
Schäfer an der Weidenflöte
Immer wieder

Immer wieder hofft er sehnlichst
endlich einen Ton zu hören
Immer wieder

Immer wieder sagt sein Weib ihm
blasen müsse er, nicht ziehen
Immer wieder

Immer wieder winkt der Alte
kreischend ab und zieht aufs neue
Immer wieder

Dringliche Anfrage

Wer hat ein Alibi für mich?
Ich brauche eins für morgen,
da soll ich es um 12 Uhr 10
der Königin besorgen.

Die Königin ist klein und rund,
der König groß und eckig.
Dem, den sein Mißtraun auch nur streift,
geht es entsetzlich dreckig.

Um 12 Uhr 10 bin ich bestellt.
Ich trau mich gar nicht, hinzugehn.
Es sei, ich hätt' ein Alibi.
Wer sah mich morgen, 12 Uhr 10?

Doch da ist noch ein Falter
Ein Couplet

Und da wirste geborn
und da fühlste dich klein
und da ließest du alles am liebsten gleich sein
und sagtest »Tschüss Alte, tschüss Alter« –
doch dann sind da die Falter.
Und denen krabbelste nach,
denn die sind so schön bunt,
und . . .

Und nu biste schon größer
und nu liebste schon wen
und die, die du liebst, will nich mit dir gehn
und du sagst dir: »Mach Schluß jetzt, Mensch Walter!«
doch dann ist da der Falter.
Und dem rennste nach,
denn der ist so schön bunt,
und . . .

Und denn biste ein Mann
und denn läuft es nicht so
und denn biste oft traurig und nur sehr selten froh
und denn blätterste schon mal im Psalter –
doch da ist noch ein Falter.
Und dem gehste nach,
denn der ist so schön bunt,
und . . .

Und dann wird dein Haar grau
und dann fühlste dich alt
und dann siehste sie plötzlich, diese Gestalt
und du fragst dich: »Wo kommt die Gestalt her?
Mensch, die ist doch kein Falter!«
Und dann folgst du ihr doch
mit verstummendem Mund
und . . .

Folgen der Trunksucht

Seht ihn an, den Texter.
Trinkt er nicht, dann wächst er.
Mißt nur einen halben Meter –
weshalb, das erklär ich später.

Seht ihn an, den Schreiner.
Trinkt er, wird er kleiner.
Schaut, wie flink und frettchenhaft
er an seinem Brettchen schafft.

Seht sie an, die Meise.
Trinkt sie, baut sie Scheiße.
Da! Grad rauscht ihr drittes Ei
wieder voll am Nest vorbei.

Seht ihn an, den Hummer.
Trinkt er, wird er dummer.
Hört, wie er durchs Nordmeer keift,
ob ihm wer die Scheren schleift.

Seht ihn an, den Dichter.
Trinkt er, wird er schlichter.
Ach, schon fällt ihm gar kein Reim
auf das Reimwort »Reim« mehr eim.

Die Sache will's

Ach was, es geht mir nicht um mich,
im Vordergrund steht nicht mein Ich,
es geht mir um die Sache.
Die Sache ist: ich fühl mich krank,
ich brauche einen Besenschrank
und 99 Besen.
Sowie 200 Liter Klops
und 70 Kilometer Drops,
doch bitte handverlesen.
Auch hätt ich gern die Kaiserkrone,
mit der will ich mich Unten ohne
am Weihnachtstag dem Volke zeigen,
dazu soll'n 100 000 Geigen
das Lied vom treuen Piephahn spielen,
und alle soll'n gen Himmel schielen,
auf dem ganz groß geschrieben steht,
daß es mir wieder besser geht;
vorausgesetzt, ich krieg das Zeug.
Aus diesem Grunde bitt' ich euch,
euch ordentlich ins Zeug zu legen.
Nicht wegen mir. Der Sache wegen.

Der Mördermarder

Der Mardermörder hockt vorm Bau,
der Marder ist vor Angst ganz blau.

Er weiß, daß ihm vor seinem Tod
die Qual der Mardermarter droht,

wenn er nicht kurzentschlossen handelt,
sich kühn zum Martermarder wandelt

und marternd dem entgegenspringt,
der mordend in sein Reich eindringt.

Gedacht, getan, er hüpft ans Licht,
der Mardermörder sieht das nicht,

da der sich, scheinbar unbemerkt,
grad für die Mardermarter stärkt.

Der Martermarder zählt bis vier,
der Mardermörder trinkt ein Bier.

Der Mardermörder beißt ins Brot,
der Mördermarder beißt ihn tot.

Erlebnis auf einer Rheinreise

Fuhr durch's Rheinland, kam nach Kaub,
sah dort einen sitzen,
weinte der, fragt' ich: Warum?
Sagt' er, um sein Mützen.

Hatt' er gar kein Mützen auf,
fragte ich: Wie das denn?
Sagte er: Grad kam ein Pferd,
sah mein Mützen, fraß den.

Sagt' ich: Hier, nimm meinen Hut,
sagt' er: Tut nichts nützen,
hilft mir doch kein Hut der Welt,
hilft mir nur mein Mützen.

Fragt' ich, ob ich's glauben sollt,
schrie er: Aber sicher!
Bist ja bloß Napoleon,
doch ich bin Marschall Blücher!

Der Beweis

Es ist erwiesen

daß die Ratte

sehr wenig Glück

als Kellner hatte.

Neues vom Nashorn

Das Nashorn fand die Welt so fad

daß es dem Ku-Klux-Klan beitrat.

Schneewittchen '80

„Spieglein, Spieglein an der Wand — wer ist der Schönste im ganzen Land?

„Herr Leonhardt, Ihr seid der schönste hier. Aber der Herr Brits in Deutz, der ist noch tausendmal schöner als Ihr!

Energiepolitik

Der Biber spart Energie
indem er nicht mehr

nein, nur verhalten

sagte

wenn ihm das Essen nicht behagt

Der Forscher und die Schlange

Der Schlangenforscher liebt die langen,
bisher noch unerforschten Schlangen.

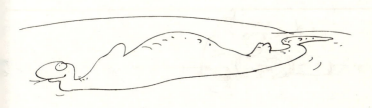

Den Schlangen kommen dahingegen
die dicken Forscher sehr gelegen.

Berliner Trilogie

Edles Problem

Ick hab da een Problem:

Ick sollte ma wat schäm.

Ick schäm ma aba nich –

wat hältste nu von mich?

Prost ooch!

Korkenzieha, wildjeworden,
düst von Wannsee los jen Norden.

Bohrt sich dort in eenen knorken
unvaseehten Weißweinkorken.

Bleibt in diesem zittand stecken –
zieht'n raus. Und laßt's euch schmecken.
Prost ooch!

Kreuzberger Nacht

Wie finden wa denn det?
Ne Wurst in meinem Bett!

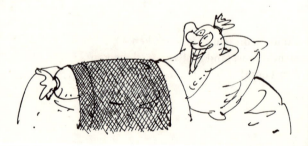

Nu legt se sich uff's Ohr!
Da steh ick sprachlos vor:

Nu ratzt se ooch noch ein –
Ick find, det darf nich sein.
Finnen Sie nich ehmfalls?

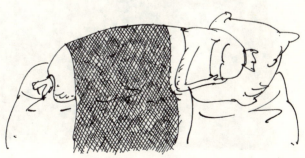

Versuche nur

Versuche nur, den Mond zu greifen

es wird dir schon gelingen

und hast du ihn, dann sollst
du singen

und pfeifen.

Zeichenschule I

Ein O soll unser Anfang sein

ins O kommt noch ein o hinein

ein M noch

und ganz viele I's –

ııı(o)ıııı

schon sitzt ein Hase auf der Wies'.

Zeichenschule II

Zuerst mal malen wir ein W

darunter zeichnen wir ein C

ans C wird noch ein V gehängt

das Ganze durch ein U gelängt

ein M noch, doch, das muß sein, leider

und schon ist es nicht Reinhold Schneider.

Zeichenschule III

Den Anfang macht diesmal ein T

dahinter stellen wir ein e

daran wird noch ein e gehängt

und schon ist uns ein Trank geschenkt.

Der Atelierbesuch

Herrschaften, da wären wir,
das hier ist die Eingangstür.
Wenn Sie mir jetzt bitte folgen –
nein, Frau Spatz, das sind nicht Wolken,
das ist eine Hutablage.
Ja, das steht ganz außer Frage.
Bitte links zum Fenster sehn,
dort muß grad die Sonne stehn.
Doch, sie muß dort stehn, wenn nicht,
kommt der Maler vor Gericht.
Rechts dagegen steht ein Tisch,
der gemalt ist, sowie Fisch,
nicht gemalt. Nein, der ist echt.
Gell, Sie sind doch echt, Herr Hecht?
Bestens. Ferner haben wir
hier ein graues Zwergklavier,
rundherum mit Fell besetzt,
nein, es quiekt nicht. Wenn Sie jetzt –
doch, Sie haben recht, es quiekt!
Wissen Sie, woran das liegt?
Das Klavier ist eine Maus –
laßt doch mal die Maus hinaus!
Danke. Achtung! Hier gehts lang –
wir kommen jetzt zum Malvorgang!
Links der Maler, rechts das Bild,
oder umgekehrt, hier gilt
die bekannte Malerregel –
nein, Herr Ohff, der malt nicht Kegel,
der lasiert grad eine Zwiebel.
Doch, der Maler ist sensibel.
Schon das Lachen schöner Frauen
kann ihm seinen Strich versauen–

47

sehn Sie? Sehn Sie, wie er patzt?
Ja, jetzt patzt er und nun kratzt
er auch noch die Farbe runter,
davon wird es auch nicht bunter.
Was? Das Bild. Und unterlassen
Sie's, den Künstler anzufassen.
Da! Der Meister gibt ein Zeichen.
Gibt das Zeichen »Bitte weichen« –
ja! Er winkt uns mit den Zeh'n.
Stimmt. Die Zeh'n sind schwer zu seh'n,
da sie sich – aus welchen Gründen
immer – vorn am Fuß befinden.
Also gut! Dann gehn wir mal;
denn in seiner Lust und Qual
muß der Künstler einsam bleiben.
Ja, das bitt' ich mitzuschreiben.
Gell? Wer nicht total vertiert ist,
schnallt, wie toll das formuliert ist.
So. Mir nach. Da wären wir.
Das hier ist die Ausgangstür.
Holde Herren, würd'ge Fraun –
ich empfehl mich. Wiederschaun.

Lied

In dem Grase war ein Tier,
es saß dort, ich stand hier.
Ich ging langsam darauf zu,
fragte es: Wer bist dann du?
Bist du bräunlich
oder rot?
Bist lebendig
oder tot?
Bist ein Teufel
oder Gott?
Oder bist du ein Hase?

Wie tun es die anderen?
Heute: Die Inselbewohner

Man tuts auf den Komoren
mit angelegten Ohren
Man tuts auf den Lofoten
mit schräggestellten Pfoten
Man tuts auf den Kykladen
mit abgespreizten Waden
Man tuts auf den Mollukken
genauso, nur im Ducken
Man tuts auf den Seychellen
an höchstversteckten Stellen
Man tuts auf den Kurilen
nach stundenlangem Zielen
Man tuts auf den Antillen
in Trance, wie wider Willen
Man tut es auf der Insel Juist
indem man durch den Schniepel niest.

Bilden Sie mal einen Satz mit ...

visuell
Vi su ell die Sonne strahlt –
als würde sie dafür bezahlt.

pervers
Ja, meine Reime sind recht teuer:
per Vers bekomm ich tausend Eier.

Minister
Aus welchem Mund dringt dies Geplärr?
»Min is ter Rachen«, spricht der Herr.

Metapher
Herr Kapitän, der Steuermann
hat grade lallend kundgetan,
er brächte jetzt das Schiff zum Sinken –
me taph er wirklich nicht mehr trinken.

Symbol
Herr Dschingis Khan, das tut man nicht,
daß man in fremdes Land einbricht.
Nu aber raus mit Ihren Horden –
Sie sym bol wahnsinnig geworden!

allegorisch
Nichts wird sich ändern hier auf Erden,
bevor nicht alle gorisch werden.

sensibel
Herr Ober! Bringt mir einen Kübel!
Mir wird von diesem Nonsens ibel!

Vergebliches Wünschen

O wenn ich jubeln könnte wie ein Adler!
Jedoch – er jubelt nicht,
kann ja nur krächzen,
kann pfeifen, schreien, höchstens ächzen,
so, wie am steilen Berge ächzt der Radler –
o wenn ich jubeln könnte wie ein Adler.

O wenn ich jauchzen könnte wie ein Biber!
Jedoch – wann jauchzt der schon?
Kennt ja nur Nagen
und Stämmefäll'n und Stämme flußwärts tragen
zu Wassern trüb und immer trüber –
o wenn ich jauchzen könnte wie ein Biber.

O wenn ich singen könnte wie ein Zobel!
Jedoch – was soll der Wunsch?
Wer darf sich ihm vergleichen?
Wer könnte jemals seiner Stimme Glanz erreichen?
Wer singt wie er? So kühn und doch so nobel?
O wenn ich singen könnte wie ein Zobel!

Goldene Worte
Ein Wandspruch

Ob nun ein Pärchen klotzt,

ob kleckert –
stets stellt sich jemand ein,

der meckert.

Vom Fuchs und der Gans

Ich hab den Tonfall noch im Ohr
mit dem der Fuchs die Gans beschwor,
ihm zuzuhören.

Er sprach sehr leise und sehr kühl,
als ängstige ihn das Gefühl,
sie zu verstören.

Er sagte sinngemäß, sein Schwanz
sei jener Teil, an dem er ganz
besonders hänge.

Das heißt, im Grunde hinge er,
der Schwanz, an ihm, ein Umstand, der
ihn nun bedränge.

Denn jemand stände auf dem Schwanz,
und darum frage er die Gans,
ob sie drauf stehe.

Ihm sei so. Und sie sei recht schwer;
weshalb er für den Vorschlag wär,
daß sie bald gehe.

Die Gans hielt stumm den Kopf gesenkt.
Sie wurde durch was abgelenkt,
das eßbar schien und rot war.

Sie biß wie träumerisch hinein
und wollte noch »Äh! Haare!« schrein
und schwieg, da sie schon tot war.

Bitte mitsingen

WEANER LIED

Der Herrgott muß a Weaner sein –
drauf wett i meinen Hut.
Und Jesus muß aus Grinzing sein,
drum schmeckt der Wein so gut.
Bloß – wos ist mit dem Heiljen Jeist?
I glaub fast, der ist zugereist!
   I bleib i, lieber Schatz,
   Du bleibst Du, lieber Schatz,
   aber Wien, lieber Schatz,
   Wien bleibt Graz, lieber Schatz etc.

HAMBURGER LIED

Das Kopftuch überm Hütchen
das Näselein so keck
am Hals ein rosa Bändchen
so geht er abends weg.
So geht er durch die Straßen
im letzten Sonnenstrahl
und wenn er dann hereinkommt
so ruft der ganze Saal:
   »Ahoi, ahoi Herr Kapitän!
   Lassen Sie sich endlich wieder einmal sehn?
   Ahoi, ahoi, Herr Kapitän!
   Solang es Sie gibt, kann die Welt nicht untergehn!«
   Etc.

FÜNFZIGERJAHRE LIED

Va bene, va bene
so sagt man in Sorrent
va bene, va bene
wenn's irgendwo mal brennt
va bene, va bene
und fällt mal einer hin
va bene, va bene
so sagt man in Turin.
    Der Spanier sagt »Wiebitte«
    »Nasdrawje« sagt der Däne
    »Je t'aime« sagt der Brite –
    doch wo sagt man »Va bene«?
    Wo
    Woo
    Wooo
    Va
    Vaa
    Vaaa
Va bene, va bene
so sagt man in Triest
va bene, va bene
hält wen ein Räuber fest
va bene, va bene
und wackelt mal der Dom
va bene, va bene
singt auch der Papst in Rom.

Das Schweigen der Kissen

Zwei grüne Kissen auf der Bank,
die könnten so viel erzählen
von Liebe und Schwüren, von Streit und von Zank,
vom Küssen und vom Quälen.

Zwei grüne Kissen auf der Bank,
die schweigen, als gelt es ihr Leben.
Sie war'n einst so dick, und sie sind heut so schlank,
dem einen ist schlecht, und das andre ist krank,
gleich werden sie sich übergeben.

Plädoyer

Daß er die Kindlein zu sich rief,
daß er auf Wassers Wellen lief,
daß er den Teufel von sich stieß,
daß er die Sünder zu sich ließ,
daß er den Weg zum Heil beschrieb,
daß er als Heiland menschlich blieb –
ich heiße Hase, wenn das nicht
doch sehr für den Herrn Jesus spricht.

Was ich heut sah

Drei kleine Frösche sah ich heut,
die warn mit dem Teufel im Bunde.
Die hüpften über die Mauer breit
und schrien aus einem Munde:

»Wir sind die Frösche der Dunkelnis,
äh, der Finsterheit, äh, des Lichts.
Das heißt doch Licht, wenn kein Tag mehr ist,
alles schwarz und niemand hört nichts?«

So haben die teuflischen Frösche gefragt,
sie waren sehr schrill und sehr klein.
Ich habe nur halblaut »Schnüss« gesagt,
da hörten sie auf zu schrein.

Alles über den Konsul

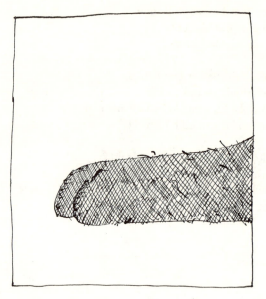

Das ist die Hand
von Konsul Franz

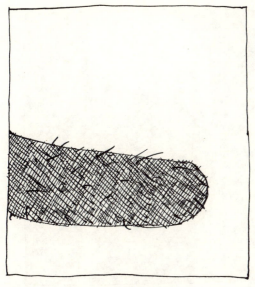

Das ist der Schwanz
von Konsul Franz

Das ist der Freund
von Konsul Franz

Das ist es ganz,
der Konsul Franz.

Begegnung mit einem Geist

Ermutigung

„Kopf hoch, Kind! Noch macht der Wind
mit uns, was er will —
aber einmal dreht er sich ..."

„Bitte, Paps! Sei still!"

Ende einer Legende

Und aus des toten Recken Hose ...

... wuchs eine kleine Heckenrose.

Volkslied

Kommt ein Vogel geflogen
  Setzt sich nieder auf mein' Hut
Hat ein Päckchen im Schnabel
  Von der Mutter ein' Rettungsring.

Jener, jene, jenes

Das ist jener Zwergkomet

der sich um Hubert
Hefel dreht.

Das ist jene Katzenschwanz

Was sich schrumpft in Regen
ganz.

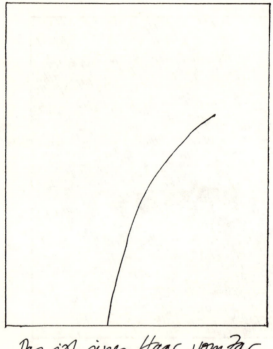

Das ist jenes Haar vom Zar

das länger als die
andern was.

Die allzufröhlichen Mönche

Die Riesentanne Theodor
stund justament vorm Klostertor.

»Auf«, sprach der Abt zu seinen Mannen,
»sie stört, wir tragen sie von dannen!«

»Das machen wir«, erscholl's im Chor,
doch wer nicht wich, war Theodor.

Trotz allem Rickeln, Ruckeln, Rackeln
kam Theo nicht einmal ins Wackeln.

»Genug«, sprach Bruder Jobst verlegen,
»auf unserm Vorsatz liegt kein Segen.«

»Genau«, sprach auch der Abt gequält,
»Es soll nicht sein, die Sägen fehlt.«

Die Brüder schwiegen erst genant,
dann nahm ein Kichern überhand.

Ein Kichern, das sie nicht verließ,
obwohl der Abt sie schweigen hieß.

Sie kicherten in einer Tour,
bis auch der Papst davon erfuhr.

»Was hör ich da?« sprach der erbost,
»Die Brüder sind wohl nicht bei Trost!

Das ist ja grad, als ob die Herren
statt Zister- Kicherzienser wären!«

Als unsre Mönche dieses hörten,
da kicherten sie nicht, sie röhrten.

Sie röhrten derart laut und lang,
daß es selbst Gott zu Ohren drang.

»Mein Gott«, rief der, »der Lärm empört mich,
das Rühren röhrt mich nicht, es stört mich!«

Kaum, daß er sich derart versprach,
als schon ein Riesenkrach losbrach.

Er stammte von der Brüder Schar,
die nun nicht mehr zu halten war.

Wildwiehernd zog die ganze Bande,
ein Bild des Schreckens, durch die Lande.

Und brüllte wohl noch heut' herum,
wär sie nicht längst schon tot und stumm,

stumm, wie der Riese Theodor,
die Tonne vor dem Klostertor.

Äh – Tante. Tunte. Tinte. Titte –
doch was soll das Gelächter bitte?

Weh mir, welch greller Höllenchor
steigt aus der Erde Schoß hervor?

Mein Gott – es sind die braunen Brüder
und – Hummel hilf! – sie röhren wieder!

Rätsel

»Da ist ein Baum,
ist immer grün,
wächst nicht in der Savanne.
Wächst da, wo Deutschlands Blumen blühn,
und winters auf ihm Kerzen glühn –
wie heißt der Baum?«

»Marianne?«

Umgang mit Tieren

Im Blick des HASELHUHNS steckt stets
was Fragendes, ein »Na, wie gehts?«
Siehst du es, Mensch, zieh deinen Hut
und sag etwas. Zum Beispiel »Gut«.

Wenn dich ein HABICHT haßerfüllt
mit »Ha, nun hab ich dich« anbrüllt,
verwehre ihm mit leisem Lachen,
sich derart zum Gespött zu machen.

O Mensch, nennst du ein PFERD dein eigen,
versäum es nicht, auch draufzusteigen.
Tust du es nicht, vermeint die Mähre,
daß sie schon aus dem Schneider wäre.

Weils so schön war

Paulus schrieb an die Apatschen:
Ihr sollt nicht nach der Predigt klatschen.

Paulus schrieb an die Komantschen:
Erst kommt die Taufe, dann das Plantschen.

Paulus schrieb den Irokesen:
Euch schreib ich nichts, lernt erst mal lesen.

Ein Vater spricht

Immer wenn ich Hause komm,
dreht es mir den Magen um.
Lieselott ist müdelein,
will jedoch nicht Betti gehn.
Peterle ist ogilafen,
muß ganz nötig lingelang.
Franzmann schreit, sein Hoppedie
habe hoppeheiter macht.
Grausend wend ich mich zur Kneipe,
ata ata, tinki tinki.

Bilden Sie mal noch einen Satz mit ...

Garant
Der Hase trägt den Kopfverband,
seitdem er an die Wand garant.

Mandarin
Wir schafften uns den Beichtstuhl an,
weil man darin nett beichten kann.

Rudiment
Ach Lieschen, sei mal wieder froh,
der Rudi ment es doch nicht so!

Krise
Peter Pudding? So heißt du?
Ach, du kri se Tür nicht zu!

servil
Willst du dereinst in Frieden ruhn,
mußt du erst ser vil Gutes tun.

normal
He! Könnse mir mein Namen sagen?
Nein? Na, ich wollte nor mal fragen!

lesbisch
Und als die ersten Hörer grollten
und schon den Saal verlassen wollten,
da sprach der Dichter ungerührt:
»Ich les bisch euch der Arsch abfriert.«

Ökumenischer Dialog

»Trinken ist ein Laster –
ist das klar, Herr Paster?«

»Allles klar, Herr Kaddinal –
dassselbe bidde nocheimmal!«

Wer bin ich

Ich weiß nicht, wie ich wirklich heiß',
ich kenn' nur meinen Namen.
Und diesen trug bereits ein Greis,
einer meiner Ahnen.
Ein Mann, der Abel hieß, nein Kain,
nein Noah, nein Hans – Peter,
nein Leberecht, nein Franz, nein Hein,
nein Werner, doch da steht er
ja zufällig am Wegesrand –
Tag, Ahn, wie schön, daß ich dich fand!
Wie heißt du denn, mein Guter?
»Klaus – Duter«.
Ach ja? Dann heiß ich auch so.

Am Telefon

Du, ich hab den Bus verpaßt
Du, ich komme später
Du, wenn Du mich gerne hast –
gib mir mal den Peter!

Peter, du, der Bus fuhr ab
Du, ich steh am Hafen
Du, ich muß das mit dem Grab
nochmal überschlafen –

Doch! Na klar begrab ich Dich!
Aber heute geht's nicht.
Peter! Du! Verstehe mich!

Scheiße! Er versteht's nicht!

Pferde-Schmählied

Schöner wäre diese Erde
ohne

Soll sie doch der Teufel holen,

all die Stuten und die

Von der Schnauze bis zum Schwanz –

Pferde, ich veracht' euch

Was die Sprache verrät

Vier Silben – hämmernd, unmenschlich, kalt:
Großstadtasphalt

Drei schwebende, lebende Silben nur:
Waldesflur

Zwei Silben – forschend, bedeutungsvoll, froh:
Hallo

Einsilbig, hochfahrend, jählings und knapp:
Schrapp

Schreiben heute

Die größte Schwierigkeit
beim Schreiben,
das ist das
auf der Zeile bleiben.

Paarreime in absteigender Linie

VON DEN GÄSTEN

Was einer ist, was einer war,
beim Scheiden wird es offenbar.

Ruft er »Auf Nimmerwiedersehn«,
dann laß ihn frohen Herzens gehn.

Sagt er: »Lebt wohl, so leid mir's tut«,
dann seid mal lieber auf der Hut.

Tut er nur »Tschau, bis dann dann« brommen,
dann will das Arschloch wiederkommen.

VON DER RUHE

Du bist so fahrig und wärst gerne
ganz ruhig, guter Freund? Dann lerne:

Den Bereich der Dunkelheiten
immer heiter zu durchschreiten,

Das Erinnern, das Vergessen
stets zufrieden zu durchmessen,

Dich, sowie das Ich des Andern
muntern Sinnes zu durchwandern –:

Und du strahlst ne Ruhe aus,
die zieht dir die Schuhe aus.

VOM LEBEN

Dein Leben ist dir nur geliehn –
du sollst nicht daraus Vorteil ziehn.

Du sollst es ganz dem Andren weihn –
und der kannst nicht du selber sein.

Der Andre, das bin ich, mein Lieber –
nu komm schon mit den Kohlen rüber.

Noch ein Rätsel

»Ich hab was für dich,
rate mal was:
Mit ›G‹ fängt es an,
und es endet mit ›las‹,
und man kann daraus trinken –«

»Eine Gurke?«

II VORBILD UND NACHBILD

Fragen eines lesenden Bankdirektors

Der große Julius Cäsar eroberte Gallien –
was der alles um die Ohren hatte!
Lukullus bezwang die Thraker –
und dann hat er ja auch noch hervorragend gekocht!
Bischof Beutel baute den Kölner Dom –
das muß ein unheimlich dynamischer Geistlicher gewesen sein!

Jedes Jahr ein Sieg –
wo ist eigentlich mein Terminkalender?
Alle zehn Jahre ein großer Mann –
wo mein Terminkalender ist?!
So viele Fragen –
Ach da ist er ja! Wenn man nicht *alles* selber macht!

Nimm und lies
Die drei Berufungen des Kirchenvaters Augustin

> *Und sieh, da höre ich vom Nachbarhause her*
> *in singendem Tonfall, ich weiß nicht, ob eines*
> *Knaben oder eines Mädchens Stimme, die im-*
> *mer wieder sagt: »Nimm und lies, nimm und*
> *lies!«*   Augustin, Bekenntnisse

1. Berufung

In seinem Garten Augustin
malt grad Figuren in den Kies,
sehr pralle Weiber, nackt und schlimm –
da spricht ein feines Stimmchen: »Nimm
und lies.«

Verwirrt schaut um sich Augustin,
sieht dann in Höhe seines Knies
ein Buch auf runden Tisch gestellt,
und jenes feine Stimmchen bellt:
»Ja, dies.«

Zum Buch greift zögernd Augustin,
er öffnet's, und ihm ins Gesicht
springt eine Zeile fett und breit,
ein Satz, der ihm entgegenschreit:
»Lies nicht!«

In seinem Garten Augustin
blickt fragend aufwärts, denn er weiß
nun gar nicht, wessen Wort hier gilt –
und jenes feine Stimmchen brüllt:
»So'n Scheiß!«

2. Berufung

Am Tag darauf
ertönt es: Nimm!
Verzeiht, sagt Augustin,
ich schwimm.
Nimm, sagt die Stimme barsch,
und lies!
Pardon, fragt Augustin,
Wie dies?
Soweit ich seh
sind um mich her
nur Wasser,
respektive Meer.
Die Stimme schwieg,
da Augustin
tatsächlich
rechtzuhaben schien:
Da war kein Land,
da war kein Buch;
Gott unterdrückte
einen Fluch.

3. Berufung

Das war des Jünglings letzte Chance,
beim dritten Mal ging Gott aufs Ganze.
Er sprach zu Augustinus: »Hier!
Jetzt nimm und lies mal dies Papier.«
Darauf stand groß in schwarzen Lettern:

»Du zählst jetzt zu den Kirchenvettern
und wirst nach ein, zwei Probejahren,
wenn wir mit dir zufrieden waren,
ein Kirchenonkel, um sodann –
vorausgesetzt, du hältst dich ran –
zum Kirchenvater aufzusteigen . . .«
Der Jüngling las. Es herrschte Schweigen.
»Tja«, sprach er dann. »Was heißt hier Tja?
Wie lautet deine Antwort – na?«
»Tja – das besagt, nun ja, nicht nein . . .«
»Moment mal – soll das witzig sein?
Wie ist das? Wirst du Kirchenvater?«
»Ich will's versuchen.« Und das tat er.

Ein zeitkritisches Gedicht

Herr M. hat
sein Kind
zu Tode
geprügelt.
Sein Dackel Waldi
brauche mehr
Platz gab
er zur
Entschul
ding
ung
ang.

Zu einem Satz von Mörike

Ein Tännlein grünet wowerweiß im Walde –
doch wer weiß heut noch, wer dies Weiß ersann?
Vor hundert Jahren war's, als Erwin Wower
vor Erwin Zink und Erwin Kremser hintrat
und sprach: »Ich hab ein neues Weiß erfunden,
in Zukunft wird man mit ihm rechnen müssen.«
Und in der Tat, das Weiß von Erwin Wower
trifftst heutzutage du auf Schritt und Tritt:
Die junge Braut, die wowerweiß errötet,
der Hagestolz, der wowerweiß ergraut,
die nackte Haut, die wowerweiß gebräunt wird,
der Enzian, der wowerweiß erblaut –
sie alle, samt dem Tännlein, eint ein Band:
Das Weiß, das Erwin, wo, wer weiß, erfand.

Zu zwei Sätzen von Eichendorff

Dämmrung will die Flügel spreiten,
wird uns alsobald verlassen,
willst du ihren Flug begleiten,
mußt du sie am Bürzel fassen.

Freilich, mancher, der so reiste,
fiel aus großer Höh' hinunter,
weil er einschlief und vereiste.
Hüte dich, bleib wach und munter.

Das Scheitern einer Ballade
Eine Ballade

Fürst Friedrich stand im Krönungssaal,
wie leuchtete sein Ohr so fahl!

Und jeder, der es sah, erschrak,
weil in ihm soviel Fahlheit lag.

»Lag«? Sagt man da nicht besser »schwang«?
Fürst Friedrichs Herz schlägt wild und bang.

»Schwang«? Stimmt es denn, daß Fahlheit schwingt?
Fürst Friedrich sieht sich jäh umringt.

Was macht denn Fahlheit? Schimmert sie?
Fürst Friedrich beugt sein rechtes Knie.

Nein, nein, sie schimmert nicht, sie glänzt!
Fürst Friedrich wird mit Laub bekränzt.

»Glänzt« – ist das schon das rechte Wort?
Laut lärmend zieht die Meute fort.

Halt! Fahlheit glänzt nicht, Fahlheit – na!
Moment – ist denn kein Fürst mehr da?

Wo ist der Fürst verdammt noch mal?
Verlassen liegt der Krönungssaal,

aus dem nun auch noch der Poet –
ein Murmeln auf den Lippen – geht:

»Wie ist denn Fahlheit? Außer fahl?
Na ja. Egal. Ein andermal!«

Mondgedicht

. . , —
fertig ist das Mondgedicht

Philosophie – Geschichte

Die Innen- und die Außenwelt,
die war'n mal eine Einheit.
Das sah ein Philosoph, der drang
erregt auf Klar- und Reinheit.

Die Innenwelt,
dadurch erschreckt,
versteckte sich in dem Subjekt.

Als dies die
Außenwelt entdeckte,
verkroch sie sich in dem Objekte.

Der Philosoph sah dies erfreut:
indem er diesen Zwiespalt schuf,
erwarb er sich für alle Zeit
den Daseinszweck und den Beruf.

Wenn sich

Wenn sich, nachtbedingt erkaltet,
Wiesen morgendlich erwärmen
und der Herr die Dame faltet,
um zur Arbeit auszuschwärmen,

um sich lebend, lobend, labend
weltverloren zu erneuen –
Wird er liebend noch am Abend
die Entfaltete erfreuen.

Pharaos Fluch

»Drei Siegel schützen des Pharao Grab,
Lord Kilmore!«
»Und schützen sie sie, ich reiß sie herab,
das wäre ja noch schöner.«

Und als er das erste Siegel erbrach,
laut lachend,
da drang ein Grollen aus dem Gemach,
so ein Grummeldibrummel.

Und als er das zweite Siegel erbrach,
noch lächelnd,
da tat es einen entsetzlichen Schlag,
der mit Bumsti nur unzutreffend wiedergegeben ist.

Und als er das dritte Siegel erbrach,
versteinert,
da erklang eine Stimme, die also sprach:
»Immer herein, wenn's kein Grabschänder ist.«

»Die Tür steht offen, das Grab ist dein,
Lord Kilmore!«
»Und steht sie auch offen, ich geh nicht hinein,
die da drin scheinen etwas gegen Grabschänder zu haben.«

Und er stieg auf sein Nord und sprengte gen Pferd –
»Mylord, ist was?«
»Ach, seit jenem Tag mach ich alles verkehrt,
und daran ist Pharaos Fulch schlud.«

Ein Sonntagnachmittag bei Strindbergs

Wahnsinn, Schreie, wildes Fluchen:
»August, da ist Gift im Kuchen!«

Irrsinn, Funkeln, Widerworte:
»Harriet, iß jetzt deine Torte!«

Keuchen, Stöhnen, hartes Zischen:
»August, dich wird's auch erwischen!«

Schrecken, Schwanken, grelles Lachen:
»Harriet, halt! Sonst sinkt der Nachen!«

Wellen, Spritzen, wirre Stimmen:
»August, tritt mich nicht beim Schwimmen!«

Gurgeln, Schnappen, heis'res Beten:
»Harriet, du hast *mich* getreten!«

Aufschaun, Aufstehn, bleiche Rufer:
»Schaut, da ringt ein Paar am Ufer!«

Stutzen, Setzen, leises Lachen:
»Ach, die Strindbergs! Weitermachen!«

Amor und der Tapir
Ein Bilderbogen nach Motiven von Wilhelm Busch

Da, wo die bunten Blümlein stehen,
Kann man auch oft den Tapir sehen.

Haramm! Den Tapir hungert sehr,
Jedoch von oben naht sich wer.

Und Zack! Der Liebesgott hat's eilig,
Der Tapir spürt dies hinterteilig.

Peng! So ein Pfeil ist vorne spitzig,
Den Tapir dünkt das wenig witzig.

Kradomms! Man spürt den Schmerz erneut,
Der Tapir scheint nicht sehr erfreut.

Ritschratsch! Es wird die Haut gespalten,
Der Tapir wirkt recht ungehalten.

Padang! Wir sehn den Schützen glänzen –
Des Tapirs Spaß hält sich in Grenzen.

Genug! Gott Amor fliegt nach Haus,
Der Tapir sah schon munt'rer aus.

Mit der Zeit wird alles heil,
Nur der Tapir hat sein Teil.

Galerie der Meister

Raffael

Raffael zieht einen Strich

schaut ihn an und sagt dann: "Ich

glaube, dieser Strich ist ganz

typisch für die Renaissance ..."

Rembrandt

Rembrandt, Maler dinegleichen,

kann die Leinwand nicht erreichen.
Zwischen beiden fließt die Eider —

Doch, doch, wirklich. Leider, leider.

Rubens

Wenn der Maler Rubens

schaut auf seine Tubens

wirken sie so faltig

daß es fühlt ganz alt sich.

HOKUSAI

Hokusai, Gott soll ihn strafen,

ist vorm Holzschnitt eingeschlafen.

Und in höchst verweg'nen Träumen

sieht er den Pazifik schäumen.

Delacroix

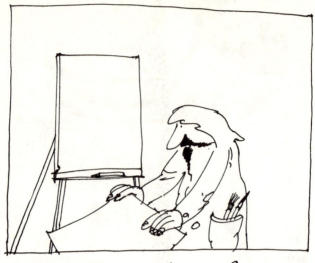

Delacroix nimmt ein Papier

und es zeichnet einen Stier

Nein — das ist mehr eine Kuh

eine Kuh wie ich und du

mehr wie du. Denn so wie ich

isse nich.

Benn im Bild
Versuch einer Visualisierung des Gedichts
»Einsamer nie –« von Gottfried Benn

Einsamer nie als im August:

Erfüllungsstunde – im Gelände

die roten und die goldenen Brände,

doch wo ist deiner Gärten Lust?

Wo alles sich durch Glück beweist

und tauscht den Blick

und tauscht die Ringe

im Weingeruch

im Rausch der Dinge –:

dienst du dem Gegenglück,

dem Geist.

Moin, Moin, Morgenstern

Die Riesenamsel
sitzt im Nest
und hält sich an
den Eiern fest.

Wißt ihr,
weshalb?!

Der Vogel
verriet es mir
im stillen:

„Ich raffinier-
tes Tier,
tu's nur des Reimes wegen."

Mademoiselle Magritte

Ich möchte nicht

daß es so aussieht

als do sich hier

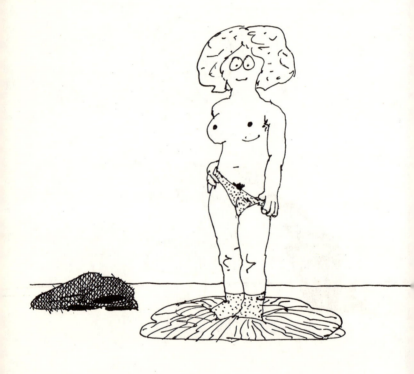

ein Fräulein auszieht

Lied ohne Worte
Drei Szenen aus dem Leben des heiligen Hieronymus

In Erwartung der Heiligkeit

Wunderbare Errettung aus der Fastenzeit (für Annemie 20.10.77)

Der hl. H. im Herzoge

Das Nichts und das Sein

Hochverehrtes Publikum!

Soeben fiel ein Eimer um,
ein Eimer sondergleichen:
Im Eimer war das blanke Nichts,
das freut sich nun des Tageslichts
und herrscht zum
            Seinesgleichen.

Lieschen aus Weimar

Wenn, vom Alkohol beflügelt,

sieht selbst der Schwan
von Weimar ein:

1 Versuch, 1 Buch von Arno Schmidt auf 4 Zeilen und 4 Bilder zu komprimieren

Old Shatterhand, der weiß nicht viel

er weiß nur eins, er hat 1 Ziel

ein Ziel gibt seinem Leben Sinn:

Sitara — und der Weg dorthin.

Ludwig van B. im Urteil der Nachwelt

Streichquartette, Tänze, Messen —
längst vergessen

Lieder, Trios, Sinfonien —
längst verziehen

Doch sein Trick mit der Lakritze —

heut' noch Spitze!

Die großen Monologe

Monolog des Prinzen von Hamburg, dem der Kurfürst
soeben mitgeteilt hat, er dürfe nicht mehr, wie er wolle

*Die Bühne zeigt ein Feldlager. Der Prinz steht wie betäubt in der
Mitte, der Chor der Krieger liegt wie gehabt im Hintergrund.*

Prinz Wie?
Dürft' ich nicht mehr, wie ich wollte?
Ich wollt' – und dürft' es nicht?
Dürft's nicht, obwohl –
Ihr Götter!
ich es wollte?
Ich dürfte nicht mehr? Wie ich wollte?
Ich wollt' – ein Beispiel nur,
eins unter vielen:
Ich wollte beispielsweise dürfen –
und dürft' es nicht?
Dürft' – Himmel! – dürfte nicht mehr dürfen?
Wo doch der Hamster darf? Der Bilch?
Der Wombat?
Jedwede Kreatur?
Ja, selbst die Haselmaus? Sie darf!
Darf, wenn der Sinn ihr danach steht, zu wollen,
sich rücklings von der Hügel höchstem rollen,
darf wachen, lesen, lange Briefe schreiben
und hin und her durch die Alleen
unruhig huschen, wenn die Blätter treiben –
sie darf. Und ich dürft' nicht?
Dürft' nicht – und wollte ich's gleich wollen,
mich von der Hügel höchstem –
dürft' mich nicht?
Dürft' auch nicht von der Hügel kleinstem?
Nicht mal mit den Augen?
Ich dürfte nicht mehr rollen?

Ich?
Ach, einstmals rollte ich so ungestüm,
so ausgelassen durch des Schlosses Hof,
der Mutter nicht, des Schloßkaplans nicht achtend
und ihrer Warnung: Treib es nicht zu roll!
Ich trieb es roll und immer roller
und rollte – doch was ted' ich?
Hat schon des Kurfürsts Machtwort
meinen Sinn verfenstert?
Bin ich schon nicht mehr in der Liege,
das, was die Brust mir sprengt,
in Worten auszusägen?
Kann ich schon nicht mehr,
wie ich woll?
Doch stoll!
Sei stoll, mein Mond!
O schweige fortan, Zange!
Noch locht der Kurfürst –
doch er locht nicht lange!
Und ball dich, Faust!
Doch ball dich in der Tache!
Zeig dich dem Fürsten erst
am Tag der Riche!
Chor der Krieger Kalt!
Prinz Ruche!
Chor der Krieger Wärmer!
Prinz Roche!
Chor der Krieger Heiß!
Prinz Rache!
Chor der Krieger Jawohl!!!

Sie werfen ihre Käppis in die Luft und tragen den Prinzen im Triumph von der Biene.

MONOLOG DES TORWARTS,
DER EINEN ELFMETER PASSIEREN LIESS

TORWART Ball, sei verflucht!
Verflucht sei, der dich schlug!
Verflucht das Weib,
das in dem Leib dich trug!
Verflucht der Mann,
der dich gezeugt!
Verflucht das Kind,
das dich gesäugt!
Verflucht der Greis,
der dich gebar!
Verflucht die Greisin,
die sich zwar
aus allem immer schön raushielt,
jedoch aus Gründen der Fairness
nicht unerwähnt bleiben soll –
Fluch jeder Pfeife,
die dir pfiff!
Fluch jeder Hand,
die nach dir griff!
Fluch dir und allen deinesgleichen!
Fluch – doch das sollte erstmal reichen.
Noch jemand ohne Flüche bitte?
Nein?
Dann gebe ich den Ball zur Mitte.
Obacht!

Lilith

Mit absonderlichen Bändern
gürtet sich die gertenschlanke,
leider leicht laszive Lilith,
geht sie abends aus zu Tanze.
Hier ein Bändchen um das Hälschen,
reich besetzt mit blauen Klunkern,
dort ein Bändchen um die Schultern,
golddurchwirkt, doch seltsam schäbig.
Ganz zu schweigen von den Bändern,
Stricken gleich, die um die Lenden
sie sich seemannsartig knotet
zu verschlungensten Gebilden.

Morgens dann sieht sie den Liebsten,
der nachhause sie begleitet,
neben sich im Bett verzweifeln
beim Entwirren all der Schlaufen.
Sieht es und entschlummert lächelnd,
während er, den Schlaf bekämpfend,
heftiger an Enden ziehend,
emsiger die Stricke lösend,
tiefer sich darin verstrickend,
immer fahriger entknotet,
bis auch er, nun selbst gefesselt,
im Gewirr der Bänder einschläft,

ein Prometheus ohne Geier.

Wenn der Vater mit dem Sohne ...
Ein Kleindrama

Der Vater, ein bekannter Rüstungsindustrieller, sitzt vor seinem Schreibtisch und zählt sein Geld. Er hat dabei einen Hut auf. Von rechts betritt sein Sohn, ein hochaufgeschossener Hippie, den Raum. Der Vater schaut erfreut auf, sein Blick begegnet dem abschätzigen Blick seines Sohnes.

VATER Mein Sohn, wenn ich mal sterbe,
wirst du mein Erbe!
SOHN Nein, Vater, nein und nochmals nein,
dein Erbe möchte ich nicht sein!
VATER Das ist ein Ton, der mir mißfällt!
SOHN Ich pfeife trotzdem auf dein Geld!
VATER Mein Sohn, du als mein Fleisch und Blut ...
SOHN Steck dir dein Geld doch an den Hut!

Der Vater schaut seinen Sohn sehr traurig an und beginnt dann damit, sich das Geld an den Hut zu stecken. Das dauert etwas, da sehr viel Geld vor ihm auf dem Tisch liegt. Schließlich ist er damit fertig.

VATER Wenn du mein Geld nicht willst, was dann?
SOHN Das kann ich dir verraten, Mann!
VATER Was willst du? Sag's mir! Sei so gut!
SOHN Deinen Hut.

Er nimmt seinem Vater rasch den Hut vom Kopf, setzt ihn sich auf und verläßt pfeifend den Raum. Verblüfft schaut der Vater ihm nach. Es wird ziemlich finster.

Auf der Fahrt von Ringel nach Natz notiert

Wie kann eine Stadt nur Zwieback heißen!
Sie heißt auch nicht so.
Heißt Peine.
In die kannst du jahrelang hineinbeißen
und bleibst doch alleine.

Ich muß es wissen.
An Peine
habe ich mir alle meine
Zähne ausgebissen.

Da sind die Straßen so grad,
daß es einen graust.
Und die Häuser wirken so steinern und fad
und unbehaust.
Denn wer ist schon gern Peiner?
Keiner.

Dort lebte ich sieben Jahre lang,
dann ging ich
nach Paris, da fing ich
ein neues Leben an.
Paris, das ist eine große Stadt. Sie liegt an der Seine.
Langsam wachsen sie mir wieder,
die Zähne.

Vater und Sohn I

»Wie heißt du denn, mein blauäugiges Kind?
Wie heißt du denn, mein Liebling so jung?«
»Ich heiße glaub' ich Havemeyer.
Ja, ich heiße Havemeyer, glaub' ich.«

»Und heißest du Glaubich Havemeyer,
dann bist du mein Sohn, mein Liebling so jung.
Denn auch ich heiße, freu dich, Havemeyer,
Ja, ich heiße Havemeyer, freu dich.«

»Und heißest du Freudich Havemeyer,
so bist du nicht mein Vater, du Sack.
Mein Vater hieß nämlich Friedrich, nicht Freudich,
und ich bin sein Sohn Kurt.«

Vater und Sohn II

»Was möchtest du sein, wenn du groß bist?
Was möchtest du sein, wenn du groß bist, mein Sohn?«
»Dann möchte ich gern ein Professor sein.
Ein Professor möchte ich sein, Vater.«

»Du wirst aber nie ein Professor sein,
ein Professor wirst du nie, mein Sohn.
Weil du dazu zu dumm bist, verstehst du,
dir fehlt es ganz einfach da oben.«

»Und werde ich nie ein Professor sein,
so werde ich doch General, mein Vater.
Nur sag mir, wo oben fehlt was mir, mein Vater,
und wer ist zu dazu du dumm?«

Materialien zu einer Kritik der bekanntesten
Gedichtform italienischen Ursprungs

Sonette find ich sowas von beschissen,
so eng, rigide, irgendwie nicht gut;
es macht mich ehrlich richtig krank zu wissen,
daß wer Sonette schreibt. Daß wer den Mut

hat, heute noch so'n dumpfen Scheiß zu bauen;
allein der Fakt, daß so ein Typ das tut,
kann mir in echt den ganzen Tag versauen.
Ich hab da eine Sperre. Und die Wut

darüber, daß so'n abgefuckter Kacker
mich mittels seiner Wichserein blockiert,
schafft in mir Aggressionen auf den Macker.

Ich tick nicht, was das Arschloch motiviert.
Ich tick es echt nicht. Und wills echt nicht wissen:
Ich find Sonette unheimlich beschissen.

Psalm

Bei dem Tanz ums goldene Kalb
gab es unschöne Szenen.
Ich möchte hier nur dreieinhalb
der unschönsten erwähnen:

David beispielsweise trat
Aaron auf die Zehen,
was er mit dem Satz abtat,
es sei gern geschehen.

Oder Saul, der plötzlich schrie,
er sei Gottes Enkel,
denn er trage seine Knie
unterhalb der Schenkel.

Oder Habakuk, der Hirt,
der beim Tanz so patzte,
daß sein Leitbock sich verwirrt
an den Leisten kratzte.

Oder Moses, der das Kalb,
statt es zu erschießen –
doch das sind schon dreieinhalb
Szenen. Ich muß schließen.

Sela.

Groß, größer, am größten
Drei Oden

Groß ist das Reh, ach! Doch wie traulich
Leert seine Schnauze des Freundlichen Tüte,
Knisternd. Oder das Wildschwein.

Schwärzliches Wildschwein! Sieh, wie es schnaufend umherwühlt!
Grimmig zerstampft es den Sand, seiner Jungen nicht achtend,
Kurzbeinigst. Oder der Damhirsch.

Schönhufiger Damhirsch! Wie länglich hängt ihm
Vom Rücken der Wedel. Aber rundlicher noch ist die Beere
Und eßbarer. O Möllner, ach, Tage im Freigehege!

Größer der Kutter. So stolz verfolgt er die Krabbe,
Des Sturms nicht – o so böse! der Wellen
Nicht achtend. So geht das die Woche.

Doch sonntags! Da ziehen die Männer und Frauen
Ins Marschenhaus. Dort schon zerteilet der Deichgraf kundig
Die Krabbe. Ach der Wremer O! Krabbenessen!

Am größten aber ist Velbert. Vielgeschossiger
Reckte kein Reh sich, kein Kutter ins Blau. Wie furchtbar
Strafte dich dafür, Velbert, Gott! Wie schrecklich!

Deutung eines allegorischen Gemäldes

Fünf Männer seh ich
inhaltsschwer –
wer sind die fünf?
Wofür steht wer?

Des ersten Wams strahlt
blutigrot –
das ist der Tod
das ist der Tod

Der zweite hält die
Geißel fest –
das ist die Pest
das ist die Pest

Der dritte sitzt in
grauem Kleid –
das ist das Leid
das ist das Leid

Des vierten Schild trieft
giftignass –
das ist der Hass
das ist der Hass

Der fünfte bringt stumm
Wein herein –
das wird der
Weinreinbringer sein.

Die Nacht, das Glück, der Tod

VERLASSEN STIEG

Verlassen stieg die Nacht an Land,
der Tag war ihr davongerannt.
Durchs Dunkel tönte ihr Geschrei,
wo denn der liebe Tag wohl sei.

Indessen saß der Tag bei mir,
bei weißem Brot und hellem Bier
hat er die Suchende verlacht:
die säh doch nichts, es sei ja Nacht.

UND ENDLICH TRAT

Und endlich trat das Glück herein,
sehr still, auf sieben Zehen.
Im frühen Morgensonnenschein
konnt ich es humpeln sehen.

»Was ist mit deinen Zehen, sprich!«
»Darüber spräch ich lieber nicht.
Drei hat mir eine Tram gekappt –«
»Kann man nichts machen. Pech gehabt.«

Denkt euch

Denkt euch, ich habe den Tod gesehn,
es ging ihm gar nicht gut.
Seine Hände wirkten so seltsam bleich,
so gar nicht wie Fleisch und Blut.

Und auf dem dürren Hals saß gar
ein Kopf, der ganz aus Knochen war.
Aus Knochen, ganz aus Knochen, denkt!
Da hab ich ihm fünf Mark geschenkt.

Terzinen über die Vergeßlichkeit
nach Kuno von Hofmannsthal

Noch spür ich ihren Dingens auf den Wangen,
Wie kann das sein, daß diese nahen Tage
Dings sind, für immer fort und ganz vergangen?

Dies ist ein Ding, das keiner voll aussinnt
Und viel zu kommnichtdrauf, als daß man klage,
Daß alles gleitet und vornüberrinnt.

Und daß mein eignes . . . Na! durch nichts gehemmt
Herüberglitt aus einem Kind? Ja, Kind,
Mir wie ein Hut unheimlich krumm und fremd.

Dann: daß ich auch vor Jahren hundert war
Und meine Ahnen, die im roten Hemd
Mit mir verdingst sind wie mein eignes Haar.

So dings mit mir als wie mein eignes Dings.

III DICHTER DORLAMM

Lokal-Bericht

Dichter Dorlamm tritt in ein Lokal,
und er sagt sich: Na, dann wolln wir mal!

Na dann wolln wir mal – hier stockt er schon,
denn am Tresen steht der Gottessohn.

Steht am Tresen und bestellt ein Bier,
und der Wirt schiebt ihm eins rüber: Hier.

Hier das Bier. Der Gottessohn ergreift es.
Da ertönt ein Lied. Und Dorlamm pfeift es.

Pfeift das Lied ›O Haupt voll Blut und Wunden‹.
O, sagt Jesus, danke, sehr verbunden.

Wirklich freundlich, sind Sie etwa Christ?
Nein, sagt Dorlamm da, weil er's nicht ist.

Bin es nicht, sagt er, bin's nie gewesen.
Jesus zieht ihn lächelnd an den Tresen.

Zieht ihn, um zugleich dem Wirt zu winken:
Dieser Herr will sicher auch was trinken!

Ja der Herr? Was darf es denn da sein?
Ich, sagt Dorlamm, möchte einen Wein.

Einen Wein? Der Wirt füllt den Pokal.
Na, sagt Jesus, Prost. Dann wolln wir mal!

Entstehungsgeschichte
Für Ror Wolf

Dichter Dorlamm will ein Epos schreiben,
»Das«, sagt seine Frau, »läßt du hübsch bleiben.«

»Macht nichts«, sagt er, »wird's halt ein Roman.«
Doch die Frau verbietet's ihrem Mann.

»Also gut«, sagt er, »dann wird's ein Stück.«
Aber seine Frau pfeift ihn zurück.

»Wenn das so ist, wird's halt 'ne Geschichte.«
Seine Frau macht diesen Plan zunichte.

»Nein? Dann schreib ich eben eine Fabel.«
Seine Frau greift nach der Bratengabel.

»Keine Fabel? Gut. Eine Ballade.«
Seine Frau verfolgt ihn ohne Gnade.

»Nein, mein Schatz? Wie wär's mit ein, zwei Oden?«
Seine Frau wirft ihn gekonnt zu Boden.

»Liebling, halt! Ich schreib dir eine Karte!«
»Abgemacht«, sagt seine Frau, »ich warte!«

Dorlamm aber fuhr noch auf der Stelle
mit dem 10 Uhr 20 Zug nach Celle.

Das Brüllen

Dichter Dorlamm fängt, wie wider Willen,
eines schönen Tages an, zu brüllen.

Brüllt im Freien, brüllt bei sich zuhause,
brüllt mit Inbrunst und brüllt ohne Pause.

Fragt man ihn jedoch, warum er brülle,
sagt er, daß er' Wort der Schrift erfülle,

das da laute: Nur durch stetes Brüllen
lasse sich das Wort der Schrift erfüllen.

Fragt man aber, welche Schrift das sei,
flüchtet er sich wieder ins Geschrei,

das da währt, solang das Brüllen dauert.
Fragt nicht weiter, Brüder, geht und trauert.

Der Bund

Dichter Dorlamm stiftet einen Bund
zwischen sich und seines Nachbarn Hund.

Einen Bund, der ungefähr besagt,
daß ein jeder tut, was ihm behagt.

Daß der Nachbarhund zum Beispiel bellt,
wie und wo und wann es ihm gefällt.

Wobei Dorlamm ihn wo, wie, und wann
jederzeit um Ruhe bitten kann.

Kann, nicht muß. So, wie des Nachbarn Hund
weiterbellen darf, auch ohne Grund.

Ähnlich klärt der Bund die Punkte Beißen,
Klauen, Betteln, Indengartenscheißen.

Fragt man Dorlamm, ob das denn was bringe,
gibt er sich erstaunlich guter Dinge.

Alles, meint er, bleibe zwar beim alten,
doch es sei nun schriftlich festgehalten.

Und daß er das schwarz auf weiß besitze,
fände er in jeder Hinsicht Spitze.

Spitze – mehr ist leider nicht zu hören.
Plötzlich bellt da wer. Der Rest ist Stören.

Reich der Sinne

Dichter Dorlamm hält beim Schreiben inne,
denn auf einmal schwinden ihm die Sinne.

Erstens kann er plötzlich nichts mehr schmecken –
»Nun«, sagt er, »das soll mich nicht erschrecken.«

Zweitens kann er plötzlich nichts mehr riechen –
»Gut«, sagt er, »dann wird das auch gestrichen.«

Drittens kann er plötzlich nicht mehr tasten –
»Aber ach«, sagt er, »was schadet das denn?«

Viertens kann er plötzlich nichts mehr hören –
»Na«, sagt er, »das sollte mich nicht stören.«

Fünftens kann er plötzlich nichts mehr sehen –
»Gott«, sagt er, »es muß auch anders gehen.«

Sechstens kann er plötzlich nichts mehr kitten –
»Halt«, ruft er, »das muß ich mir verbitten!

Sinne gibt es Stücker fünf, nicht mehr –
Kitten fällt nicht drunter, bitte sehr!«

Und ihm wird gewährt, worum er bittet.
Seitdem kittet Dorlamm. Kittet. Kittet . . .

Dorlamm liest

Dichter Dorlamm liest in einem Buch,
doch er wird aus diesem Buch nicht klug.

Liest darin und legt es wieder hin –
nein, er kommt nicht hinter seinen Sinn.

Legt es hin und denkt, sooft er las:
»Ich kapier das nicht. Was soll denn das?«

Denkt: »Was soll das? Wer schreibt solchen Mist?«
Und schaut nach, wer der Verfasser ist.

Schaut aufs Buch, und plötzlich ist ihm klar,
daß der Autor ein Herr Dorlamm war.

Dorlamm? Dorlamm selbst hat es geschrieben!
Peinlich? Rasend peinlich, meine Lieben!

Die Bilanz

Dichter Dorlamm nimmt sich vor, sein Ringen
endlich einmal auf den Punkt zu bringen.

Setzt sich hin und schreibt: Ich will mein Ringen,
um es endlich auf den Punkt zu bringen,

in drei Teile gliedern – in das Bringen,
in den Punkt und last not least das Ringen

Überlegt, macht einen Punkt nach Ringen,
seufzt und läßt sich einen Cognac bringen.

Damit, fährt er fort, wär'n Punkt und Bringen
schon mal klar, bleibt lediglich das Ringen.

Ringen – meine Güte, was meint Ringen?
Sorry, Kinder, ich schein's nicht zu bringen.

Lassen wir's? Er läßt die Feder sinken,
pfeift aufs Schreiben und beginnt das Trinken.

Was ist Elektrizität?

Dorlamm, um ein Referat gebeten,
hält es gern, um dies hier zu vertreten:

»Wenn das Ohm sie nicht mehr alle hat,
heißt es nicht mehr Ohm, dann heißt es Watt.

Jedoch nur, wenn's gradeliegt, liegt's quer,
heißt es nicht mehr Watt, dann heißt's Ampere.

Heißt Ampere, ja, wenn es liegt, nicht rollt,
rollt es nämlich, nennen wir es Volt.

Rollt ein Volt nicht mehr und legt sich quer,
heißt es wieder – wie gehabt – Ampere.

Heißt Ampere, wenn sperrig liegt, liegt's glatt
wird es – na wozu wohl schon? – zum Watt.

Wird zum Watt, zur Maßeinheit für Strom,
wenn's nicht alle hat. Sonst heißt es Ohm.«

Dorlamm endet, um sich zu verneigen,
doch er neigt sich vor betretnem Schweigen.

»Glaubt es nicht«, ruft Dorlamm, »oder glaubt es –
mir egal!« Und geht erhobnen Hauptes.

Dorlamm meint

Dichter Dorlamm läßt nur äußerst selten
andre Meinungen als seine gelten.

Meinung, sagt er, kommt nun mal von mein,
deine Meinung kann nicht meine sein.

Meine Meinung – ja, das läßt sich hören!
Deine Deinung könnte da nur stören.

Und ihr andern schweigt! Du meine Güte!
Eure Eurung steckt euch an die Hüte!

Laßt uns schweigen, Freunde! Senkt das Banner!
Dorlamm irrt. Doch formulieren kann er.

Die letzte Reise

I

Dichter Dorlamm spricht »Ich will es wissen!«
Und er macht sich auf den Weg nach Füssen.

Läßt sich aber erst den Kopf verbinden,
blicklos will er zu dem Ziele finden.

Ausschließlich das Wittern, Tasten, Spüren
soll ihn in die Stadt im Süden führen.

II

Doch der Süden ist ein weites Feld,
Dorlamm zieht seit Jahren durch die Welt.

Wird ganz wirr. Betastet einen Herrn.
»Herr, sind wir in Füssen?« »Nein, in Bern.«

Wird ganz traurig. Wittert eine Spur.
»Führt die Spur nach Füssen?« »Nein, nach Chur.«

Wird ganz schwach. Spürt hinterrücks ein Ziehn.
»Zieht mich wer aus Füssen?« »Nein, aus Wien.«

III

Kommt in eine Stadt, glaubt sich am Ziel,
reißt die Binde ab und steht in Kiew.

IV SPASSMACHER UND ERNSTMACHER

Als er sich mit vierzig im Spiegel sah

Seht mich an: der Fuß der Zeit
trat mir meine Wangen breit.
Schaut mein Ohr! Die vielen Jahre
drehten es in's Sonderbare!
Ach des Kinns! Es scheint zu fliehn,
will die Lippen nach sich ziehn!
Ach der Stirn! Die vielen Falten
drohen mir den Kopf zu spalten!
Die Nase! O, wie vorgezogen!
Der Mund! So seltsam eingebogen!
Der Hals! So krumm! Die Haut! So rot!
Das Haar! So stumpf! Das Fleisch! So tot!
Nur die Augen lidumrändert
strahlen blau und unverändert,
schauen forschend, klar und mild
auf's und aus dem Spiegelbild,
leuchten wie zwei Edelsteine –
sind das überhaupt noch meine?

Tagesbefehl

Leute, bitte geht nach Haus,
hier bricht um zwölf der Friede aus,
dann wird nicht mehr geschossen.
Dann hat es sich mit dem Bummbumm,
wer tot ist, falle sofort um,
der Krieg wird gleich geschlossen.

Leute, bitte gebt jetzt Ruh.
Ich mach schon mal den Krieg hier zu,
man kann nicht immer meucheln.
Nein, Bäcker, jetzt wird Brot gemacht,
jetzt wird kein Feind mehr totgemacht,
jetzt heißt es Freundschaft heucheln.

Leute, bitte macht jetzt Schluß,
der nächste ist der letzte Schuß.
Nun seid nicht gleich beleidigt.
Hört auf, sonst gibts eins vor den Bug,
ihr habt hier wirklich lang genug
das Abendland verteidigt.

Die Welt und ich

Hab der Welt ein Buch geschrieben
ist im Laden gestanden
waren da viele, die es fanden
hat's aber keiner kaufen wollen.

Hab der Welt ein Bild gemalt
ist in einer Galerie gehangen
sind viele Leute daran vorbeigegangen
haben es nicht einmal angeschaut.

Hab ein Lied erdacht für mich
hab's nur so vor mich hingesummt
sind alle ringsum verstummt
haben geschrien: Aufhören!

Der große und der kleine Künstler

Der große Künstler
sieht die Dinge größer,
nicht so, wie sie der
kleine Künstler sieht.

Der kleine, ach, sieht statt des Kopfs nur Ohren,
statt Ohren Haut und statt der Haut die Poren –
der kleine Künstler.
Doch der große –
Der große sieht statt eines Dorns die Rose,
statt einer Rose Flammen, statt der Flammen Brände,
hebt auch die Mitwelt aufgeschreckt die Hände –
das zählte schon seit je zu seinem Lose.
Klein sieht der kleine Künstler,
groß der große.

Und naht sich eines Tages der Erlöser,
und denkt der kleine Künstler
»Was'n das für einer?«
Wie sieht der große Künstler ihn?
Sieht er ihn dünner?
Sieht er ihn dicker? Breiter? Oder kleiner?
Geschnitten!
Nein! Er sieht ihn größer!
So sieht der große Künstler den Erlöser.

Indessen sieht der kleine Künstler nur das eine.
Groß ist der große Künstler.
Klein der kleine.

Die Tanzenden
Für Johanna Knorr

Das Eis ist glatt und kalt wie Eis,
und auf dem Eis da tanzt Herr Weiss.

Herr Weiss, jawohl, doch nicht allein.
Wer mag die fremde Dame sein?
Moment – ist das nicht Maxie Herber?

Nein, die tanzt grad den sterb'nden Sperber.

Dann ist es sicher Tilly Losch?

Nein, die gibt grad den sterb'nden Frosch.
Ist's etwa Niddy Impekoven?

Nein, die bringt grad den sterb'nden Ofen.

Herrje! Wer tanzt da mit Herrn Weiss
so selbstvergessen über's Eis?
Wer schwingt so kunstvoll seine Stempel?
Natürlich! Es ist

Frl. Hempel-Herr Weiss

Sherlock Holmes' übelster Fall

»Lieber Watson, schauen Sie mal:
da ist etwas faul im Saal!«

»Ah! Ich weiß, worum es geht!
Merkwürdig: der Besen steht!«

»Hör'n Sie mal! Der Besen liegt!«
»Holmes – Sie haben mich besiegt!

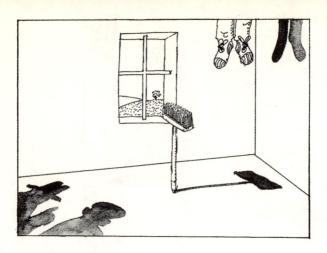

Aber da! Da steht er wieder!«
»In der Tat! Kusch! Leg' dich nieder!«

»Mr. Holmes, was nun geschieht!
Mr. Holmes! Der Besen flieht!«

»In der Tat! Nun ist er fort!
Watson – das bedeutet Mord!«

»Mord? Um Himmelswill'n – an wem?«
»Watson! Ist doch klar! An dem!«

»Meine Herrn – wer spricht von Mord?
Ich trieb grade etwas Sport!

Und der Besen lief davon,
weil er – ach, Sie gehen schon?«

»Ja, wir gehen. Lieber Watson –
ich find' diesen Fall zum Speien!«

»Mr. Holmes – wenn Sie verzeihen,
korrigiere ich: zum Kotzen!«

Einmal hin und zurück

Kopf, Kopf, Kopf
so hart und rund
war nicht irgendwo ein Mund?
Na, vielleicht auf dem Rückweg

Hals, Hals, Hals
so weiß und weich
wie hieß das darunter gleich?
Schlüsselbein, wenn ich nicht irre

Brust, Brust, Brust,
so fest und klein
das kann doch nicht alles sein –
Richtig! Da geht's weiter

Bauch, Bauch, Bauch
so weich und weiß
wärmer, wärmer, wärmer, heiß –
Na, wer sagt's denn

Bein, Bein, Bein
o soviel Bein
wird es je zuende sein?
Schau, da hat's ja noch Füße

Fuß, Fuß, Fuß
darfst weiter ruhn
ich hab oben noch zu tun:
Hallo, Haare.

Welt, Raum und Zeit

In den Köpfen der betagten Katzen
spiegelt sich die Welt in starken Bildern:
Mäusetürme ragen steil ins Blaue,
Nierentische stehn in ihren Hallen,
Leberhaken ragen aus den Wänden,
all das wartet nur auf ihre Tatzen
in den Köpfen der betagten Katzen.

In den hochbetagten Katzenköpfen
gliedert sich der Raum in klare Zonen:
Fauladelphia, Ratzibor und Essen
sind die einz'gen Städte, die sie kennen,
doch Paris liegt für sie an der Sahne,
und die malt sich breit, nicht auszuschöpfen
in den hochbetagten Katzenköpfen.

In den Köpfen der betagten Katzen
fächert sich die Zeit in reine Takte:
heißt der erste Tag der Woche Mordtag,
fällt der Sommeranfang in den Jauli,
schreiben wir schon bald das Jahr Zweimausend,
und die Stunden fliehn dahin wie Spatzen
in den Köpfen der betagten Katzen.

Der wilde Hans

Ach runzel nur die Knie, Marie
mußt sie ja dennoch spreiten
mein wilder Hans wird sie, Marie
von nun an stets begleiten.

Ach rümpf nur deine Stirn, Marie
die Mühe tut nicht lohnen
es wird in deinem Hirn, Marie
mein wilder Hans jetzt wohnen.

Ach roll nur mit den Ohrn, Marie
kannst dich nicht lang betrügen
bist schon an ihn verlorn, Marie
mein wilder Hans wird siegen.

Ach sträube nur den Arm, Marie
folgst ihm ja doch zum Tänzchen!
Mein wilder Hans ist warm, Marie
was machst du Hans? Alarm, Marie
Hans bleib, hier ist dein Schwarm, Marie
Hans! Hännes! Hansi! Hänschen

Nach Paris

Der Wanderer
nimmt seinen Hut
und sagt zur Wandrerin:
Nun gut.

Ich hielt dich für
gestählt und zäh,
du bist es nicht
wie ich jetzt seh.

Wir wollten nach
Paris und zwar
zu Fuß, das war
von Anfang klar.

Doch du bliebst schon
in Peine stehn –
so wirst du nie
die Seine sehn.

Hier stehen wir
seit einem Jahr;
Marie jetzt heißt es
Au revoir!

Der Wandrer wendet
sich zum Gehn.
Die Wandrerin
läßt es geschehn.

Erst als er Richtung
Westen hinkt,
hat sie ihm zögernd
nachgewinkt.

Umgang mit Tieren aus der Tiefe

Und es kommen Tiere aus der Tiefe,
Tiere, die, wenn man sie riefe,
schweigend in der Tiefe blieben,
nie gesehen, nie beschrieben:

Nur dein Rufen läßt sie schlafen.
Rufe! Schrei zum Steinerweichen!
Und du wirst den letzten Hafen
ohne Zwischenfall erreichen.

Ebbe und Flut

In meinem Kopf herrscht Ebbe,
in meinem Herzen Flut.
Kann dir nur eines sagen:
Ich bin dir ja so gut!
Ich bin dir – ja! – so gut, so gut,
ich bin – ja! – dir so gut!
Ja! Dir bin ich so gut, so gut!
Ja! Ich bin dir so gut!
Ja, ja! Ich bin dir gut, so gut,
so gut, so gut, so gut –
in meinem Kopf herrscht Ebbe . . .

Der rätselhafte Geistergast

Der rätselhafte Geistergast
gastiert sich bei dir ein,
und was du bist und was du hast,
das ist nicht länger dein.

Der rätselhafte Geistergast,
will mehr als nur Quartier,
sein kleiner Reisebeutel fasst
dein Herz und dein Klavier.

Der rätselhafte Geistergast,
der nimmt dir Kopf und Leib.
Er bleibt solange es ihm passt
und geht, wenn du sagst: Bleib.

Ich selbst

SELBSTAUSSAGE

Ich mach mir nichts aus Marschmusik,
ich mach mir nichts aus Schach.
Die Marschmusik macht mir zuviel,
das Schach zu wenig Krach.

SELBSTKRITIK

»Ich trage wo ich gehe
mein Antlitz im Gesicht«:
Ich schriebe gerne einfach
und schreib ganz einfach schlicht.

SELBSTBEFRAGUNG

Ich horche in mich rein.
In mir muß doch was sein.
Ich hör nur »Gacks« und »Gicks«.
In mir da ist wohl nix.

SELBSTFINDUNG

Ich weiß nicht, was ich bin.
Ich schreibe das gleich hin.
Da hab'n wir den Salat:
Ich bin ein Literat.

Selbstbewusstsein

Und kommt von euch auch keiner auf den Trichter –
verlacht mich ruhig! Eines bleibt gewiß:
Als Mensch bin ich wie ihr. Jedoch als Dichter
bin ich ein Wesen mui generis.

Selbstverteidigung

Die alte Frage »Wer bin ich?«
hebt wieder mal ihr Haupt.
»Du bist viel blöde, Frage!
Hau ab, sonst ich dich schlage!«
Da läuft sie, daß es staubt!

Die kaiserliche Botschaft
Ein Nonzenzgedicht

So hört mich an, o meine Knappen:
Ab jetzt sind alle Schimmel Rappen.
Und alle Rappen heißen Bären,
womit wir schon beim Thema wären.
Denn Bären ist ab heut verboten
bei Tag zu mähen und zu schroten,
sowie das Schroten und das Mähen
bei Nacht, weil sie dann eh nichts sehen.
Befehl ist auch, daß sie ab nun
nicht das, was ich befehle tun,
denn die Befehle gelten nur
von kurz vor zwölf bis tausend Uhr
und sollen zu nichts weiter führen,
als an den Schlaf der Welt zu rühren.
Doch sollte dieser Plan nicht klappen,
sind alle Bären wieder Rappen
und alle Rappen wieder Schimmel,
das gilt auf Erden wie im Himmel,
im Jenseits und in dieser Welt
und ganz speziell für Bielefeld.
So. Stellt das Radio etwas leiser,
ich will jetzt schlafen
                    Euer Kaiser

Am Abend

Wenn ich vom Abendlärm der Städte
getrieben in die Schenke trete
um erst mit innigstem Behagen
so ein, zwei Schnäpschen einzujagen
um dann mit freudigstem Begreifen
diverse Bierchen einzupfeifen
um drauf mit holdestem Entzücken
rasch drei, vier Puffer zu verdrücken
um noch mit dankbarstem Verstehen
verschiedne Weine einzudrehen –
dann pfleg ich mit gespieltem Klagen
»Ach, ach« und auch »Doch, doch« zu sagen.

Lied der Männer

Die Trauer beim Betrachten großer Hecken
gleicht jener, die wir sonst nur dann empfinden,
wenn wir den Lorbeer aus dem Haare winden,
weil es heißt »Fertig machen zum Verrecken« –
die Trauer beim Betrachten großer Hecken.

Das Frösteln beim Betasten kühler Eisen,
wir kennen es, seitdem wir jene sahen,
die in den Zug einstiegen, der sein Nahen
nur unterbrach, um kurz drauf zu entgleisen –
das Frösteln beim Betasten kühler Eisen.

Die Sehnsucht beim Betreten feuchter Planken,
sie wird uns bis an jenen Tag begleiten,
an dem wir schweigend durch die letzte Pforte reiten,
zu schwach zum Fluchen, doch zu stolz zum Danken –
die Sehnsucht beim Betreten feuchter Planken.

usw. usf.

Viele Sommersprossen sind
auf dem Kinde, doch das Kind
sieht sie nicht. Es sieht stattdessen
einen Amtmann Suppe essen.
Dieser wiederum beschaut
grad ein Foto seiner Braut,
die auf einen Seemann blickt,
der sich nach dem Anker bückt,
da der Anker was verdeckt,
das in einer Tüte steckt
und sich, falls der Maat nicht irrt,
gleich das Bild entpuppen wird.
In der Tat – es ist ein Bild,
es zeigt ein Reklameschild
worauf sich zwei Frauen räkeln,
die an einem Lappen häkeln,
der zum Teil ein Kind verbirgt,
das recht ungewöhnlich wirkt:
Viele Sommersprossen sind
auf dem Kinde, doch das Kind . . .

Trost im Gedicht

Denk dir ein Trüffelschwein,
denks wieder weg:
Wird es auch noch so klein,
wird nie verschwunden sein,
bleibt doch als Fleck.

Was je ein Mensch gedacht,
läßt eine Spur.
Wirkt als verborgne Macht,
und erst die letzte Nacht
löscht die Kontur.

Hat auch der Schein sein Sein
und seinen Sinn.
Mußt ihm nur Sein verleihn:
Denk dir kein Trüffelschwein,
denks wieder hin.

Der Sommer in Montaio
Stimmungsgedichte

JUNIABEND (29. 6. 79)

Vom Tal her steigt Rauch auf.
Ich drehe den Schlauch zu,
gleich gibt's was zu essen.
Der Mond steht als Sichel.
Ich setz mich und trinke,
um zu erinnern.

Wie grün jetzt der Wald ist.
Ein Licht, das sehr kalt wirkt,
strahlt rings aus den Dingen.
Ich zieh mir ein Hemd an.
Der Berg sieht so fremd aus.
Die Waldvögel schweigen.

25. 7. 79

Das ist ja witzig, wie die Wolke sich zerfieselt.
Grad eben war sie noch kompakt, nun rieselt
so eine dunkle, schlierenhafte Molke
quer übern weiß der Himmel, is was Wolke?

26. 7. 79

Mensch Meier, fliegt die Schwalbe tief!
Das geht mir ehrlich an die Nieren.
Sie scheint die Gräser zu schwalbieren –
so würde ich es formulieren,
wär dieser Ausdruck nicht so abgenutzt und schief.

29. 7. 79

Der Lorbeer hat die Blätter hochgeklappt,
doch in das Filigran der Zweige schwappt
voll Rohr der Fallwind, der vom Hügel düst
und nun das Tal mit »Schwapp die Ehre« grüßt.

30. 7. 79

Da dengelt jemand – oder sagt man dangelt?
im Tale seine Sense, und es drangelt
sich der Vergleich auf – oder sagt man drängelt?
daß es so klingt, als wenn wer wo was dengelt.

1. 8. 79

Wenn ich die Hügel beschreiben müßte,
was ich nicht muß,
ich wartete, bis die Muse mich küßte
und gäb ihr, bevor ich mich stiekum verpisste,
die Feder und sagte: Tu du's.

4. 8. 79

Siehst du den Löw' dort stehen?
Er ist nur halb zu sehen
und ist doch rot und dumm.
(Der Löwe ist aus lauter Ton.
Halb zudeckt ihn der Efeu schon,
bald rankt er ihn ganz um.)

7. 8. 79

Wie klar sie sind – das Licht, die Luft;
die Regenfront ist schnell verpufft,
so daß die Sonne wieder sticht.
Du – alles klar, die Luft, das Licht.

10. 8. 79

Rot ist der Wein aus Grimoli,
rot glänzt das Dorf im Tale,
rot wird mein Liebchen, wenn ich sie
mit Kadmium bemale.

18. 8. 79

Ach seht, schon ist der Regen aus,
die letzten Hunde bell'n nach Haus,
kaum kann ich mir verkneifen,
das Lied »Schon ist der Regen aus,
die letzten Hunde bell'n nach Haus«
quer durch die Nacht zu pfeifen.

20. 8. 79

Welch Gekreische,
welch Gebromme,
Kinder sind's beim Brombeerpflücken.
Kreischend pflücken sie
die Beeren,
welche drob voll Mißmut brommen.

22. 8. 79

Ich blick nach oben und seh Wein.
Ich blick nach unten und seh Stein.
Der Wein hängt hoch, der Stein liegt nah,
des Rätsels Lösung: Pergola.

SPÄTSOMMERTAG (15. 9. 79)

Nun ist der Wein bereits am Sichverfärben.
Die ersten Blätter lappen leicht ins Gelbe.
Die Sonne hält voll drauf. Exakt dieselbe,
die erst ihr Grünen sah, sieht nun ihr Sterben.

Und dennoch wäre es echt schwach zu glauben,
den ganzen Terror könne man vergessen.
Blattmäßig läuft nichts mehr. Gebongt. Stattdessen
schwillt neues Leben, ach, zu prallen Trauben.

Stunde der Wahrheit

»Mütterlein, was wieg ich denn?«
»Siebentausend Pfund.«
»Mütterlein, wo lieg ich denn?«
»Auf dem Meeresgrund.«
»Mütterlein, was bin ich denn?
Bin ich gar ein Wrack?«
»Trine, was erzählst du denn?
Red nicht so ein' Quack!«
»Mütterlein, dann bin ich gar –«
»Sprich nicht weiter, Trine!«
»Mutter, mir wird alles klar,
ich bin eine – Mine!«
»Trine, still, was sagst du da!«
»Und wer bist du, Mutter?«
»Aber Kind, was fragst du da?«
»Du bist ein Computer!«
»Trine, sowas sagt man nicht!
Also diese Kinder!«
»Mutter, schau mir ins Gesicht –
ist das nicht ein Zünder?«
»Trine, nein! Das ist nicht wahr!«
»Mutter, sag mir eines –«
»Kind, ich schwör bei meinem Haar –«
»Mutter, hast ja keines!«
»Trine, bist mein Kind nicht mehr!«
»Mütterlein, verzeih mir!«
»Kind, wenn ich dein Vater wär'!«
»Mütterlein, bleib bei mir!«
»Trine, da du alles weißt –«
»Mütterlein, was weiß ich?«
»Sollst du wissen, wie du heißt!«
»Mütterlein, wie heiß ich?«

»Trinekind, du hattest recht!«
»Mütterlein, sprich schneller!«
»Mine – so heißt dein Geschlecht.
Und du selbst heißt – – Teller!«

Birnes Problem

Herr Birne, sagt, warum so gram?

Weil man mir meinen Stengel nahm!

Er ist noch dran, Ihr Stengel —

Ach ja?
Sie sind ein Engel!

Media in Vita

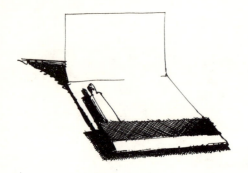

„Ach Streichholz, warum so allein?
Wo mögen deine Brüder sein?"

„Sie sind gestorben, verdorben.
Jedoch – sie schieden allesamt
so feurig, gradezu entflammt..."

„Ging's uns wie ihnen!"

Ein Abenteuer Casanovas

Auf dem Weg zur Freifrau Schmidt

nahm er noch was zu Trinken mit.

Geschichte einer Beziehung

Wand an Wand – so wohnten sie:
Gold-Erwin und Pech-Marie.

Bis zum Tag, an dem die Wand
durch ein Erdbeben verschwand.

Beide standen gleich in Flammen,
seitdem leben sie zusammen.

Was sie haben, teilen sie:
Golch-Erwin und Ped-Marie.

Lied ohne Worte
Die Begegnung

Mein sei mein ganzes Herz

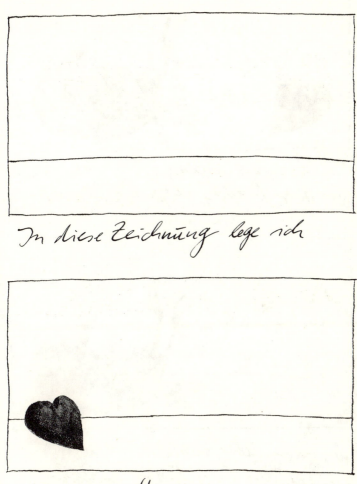

und einen Raben.
Das Herz brauch ich zurück, verzeiht,

den Raben aber könnt ihr haben.
Wer will das Tier? Willst du es?
Hol' dir den Vogel! Tu es!

(beiseit): Ein Glück, daß ich das Bier
los bin!

Im Garten

Plötzlich machte unsere Schöne

wieder Strahlemann und Söhne.

Aus der Welt der Technik

Die Spannung zwischen Greif und Aar
nimmt nur der Aarometer wahr.

Ganz kleiner Versuch über die Angst

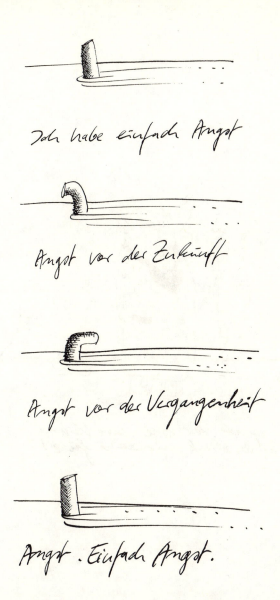

Und, und, und

Hinz und Kunz

Da sprach der Hinz zum Kunz:
"Kunz, schenk mir deine Funz!"

Da sprach der Kunz zum Hinz:
„Mein lieber Hinz, du spinnz!"

Täter und Opfer

Der Täter sprach zum Opfer:
"Fiß mal ein Stück vom Topf her!"

Das Opfer sprach zum Täter:
„Sag erstmal, wieviel Meter!"

Landmaus und Stadtmaus

Die Landmaus sprach zur Stadtmaus:
„Das sieht verteufelt glatt aus!"

Da sprach die Stadtmaus: "Landmaus, dann rück mal 'n bißchen Sand raus!"

Die Schattenwerfer

Niemand kontrolliert dich schärfer,
als das Pack der Schattenwerfer:

Wat denn, wat denn, wat denn —
det Schwein wirft keenen Schatten?

Tschuldigung!

Unbeschreiblich!

Wie steht dem Sack
der Hut so gut —
es ist nicht zu
beschreiben.
Und da's nicht
zu beschreiben ist,
lass' ich es lieber
bleiben.

Vater und Söhne

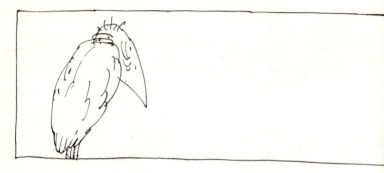

Dem Marabu sind seine Jungen

Frage und Antwort

Die Gemsen stehen wie gebannt,
sie schauen starr und unverwandt
hinunter auf des Försters Haus,
der kam seit Tagen nicht mehr raus –
sag warum?

»Den Förster hat ein Weib becirct,
das beider Suff durch Scherze würzt.
Er folgt mit klebrigem Interesse
auch noch dem schalsten ihrer Späße –«
Ach darum!

Ein Sonntag

Der See ist blau, der Wald ist grün,
durch gelbe Felder Rehe ziehn.

Dann sind da Menschen vielgestalt
und buntgekleidet in dem Wald.

Und schaun hinüber zu dem See
und sagen: Läuft dort nicht ein Reh?

Und zeigen auf das gelbe Feld:
Das Braune sind doch Rehe, gelt?

Und wieder andre schaun ins Blau:
Guck, man sieht keine Wolke, schau!

Die Sonne steht am Himmelszelt.
Ein Glück, daß sie nicht runterfällt.

Das Ende einer Doppelbegabung –
von ihr selbst erzählt

Lange Jahre hindurch
war ich Maler und
Schriftsteller.
Doch auf einmal
hatte ich keine
Lust mehr.
Das heißt: Zuerst,
mochte ich kein
Bild mehr
zuende
malen.
Und kurz darauf
mochte ich
auch kein
Wort mehr
zuende
schrei

Der unwürdige Inquisitor

»Hallo!« rief der Inquisiter,
»läuft denn da nicht unser Dieter,
der bekannte Hexenmeister?
Ja, da läuft er, und jetzt scheißt er
gradewegs auf's Kruzefix!
Na, das macht dem Heiland nix,
der kann schon mal'n Spaß vertragen.
Dieter!«
»Ja?«
»Ich soll dir sagen:
Morgen ist Walpurgisnacht!«
»Kommst du auch?«
»Na klar, um acht
werf ich mich auf meinen Besen,
um zum Höllenfürst zu pesen
und in Gegenwart des Fürsten
alle Hexen durchzubürsten.
Ferner will ich –«
»Eine Frage!«
»Ja?«
»Ich hab gehört, man sage,
daß der Papst das nicht gern sehe –«
»Lieber Dieter, ich gestehe,
was der meint, ist mir egal,
dieser Herr, der kann mich mal.
Er, der jeden Morgen tonnen-
weise ungebrauchte Nonnen
schon zum Frühstück –«
»Alles klar!
Kann ich noch mal den Altar –«
»Schänden? Aber liebend gern!
Und falls du auch Gott den Herrn

lästern willst, dann –«
»Du vergessen
wir's für heute, muß zum Essen!«
»War nur'n Vorschlag! Tschüssing Dieter!«
»Tschau! Bis morgen, Inquisiter!«

Schreiben, die bleiben
Höhepunkte abendländischer Briefkultur

Der Abt von San Marco an Raffael

Verehrter Meister Raffael,
wir brauchen die Madonna, schnell!
Seit Monaten ist sie bezahlt,
bis heute hab'n Sie nichts gemalt.

PS Avanti!

Raffael an den Abt von San Marco

Hochverehrter Vater Abt,
ich begreif nicht, was ihr habt.
Das Bild kommt mit dem Glockenschlag
um zwölf Uhr am Madonnastag.

PS Schickt Chianti!

Lektor Lincke an Theodor Fontane

Sehr geehrter Herr von Tame,
war das nicht Ihr werter Name?
Vor mir liegt Ihr Buchvorschlag,
welcher – doch der Reihe nach.
Erstens ist er nicht zu brauchen –
eine Frage: Darf ich rauchen,
während ich hier weitermache?
Dankeschön. Doch nun zur Sache:
Das Manuskript, das Sie geschickt,

war in der Mitte eingeknickt,
sowie in Worten abgefasst,
was nicht zu unserm Hause passt.
Auch störten mich die vielen U's
in Ihrem Satz »Ulf ging zu Fuß.«
Ach ja – und Ihre Fragezeichen,
die sollten Sie wohl alle streichen.
Sie wirken derart krumm und rund,
so schlangenhaft und ungesund,
daß ich mich dauernd frage: Was
bezweckt, bewirkt und soll denn das?
Sodann Ihr Stil! Schon wenn man liest,
daß Ihre Heldin Effi briest,
ist Ihre Ignoranz erwiesen:
Die deutsche Sprache kennt kein »briesen«.
Doch nun was andres: Unser Haus
bringt grade eine Reihe raus,
die sich »So brummt der Deutsche« nennt –
ich bin ganz sicher, sowas könnt'
durchaus in Ihre Richtung passen.
Woll'n Sie sich mal was einfalln lassen?

In Erwartung Ihrer geschätzten Antwort ver-
bleibe ich
Mit frohem Gruß
Ihr Lektor Lincke

PS Ist es erlaubt, wenn ich was trinke?

Erwin Sanders an Baron von Norden

Sehr geehrter Herr von Norden,
Sie sind jüngst gesehen worden,
wie Sie meine Frau beschliefen
und dabei um Hilfe riefen.
Ersteres will ich verzeihen,
falls Sie mir Ihr Fahrrad leihen.
Doch fürs Zweite solln Sie büßen,
dafür muß ich Sie erschießen.
Passt es Ihnen morgen früh?
Hier bei mir? Und bringen Sie
auch das Fahrrad gleich mit her?
Ich will anschließend ans Meer,
und mein Moped streikt seit Tagen.
Schönen Dank. Ach ja: Und sagen
Sie mir bitte kurz Bescheid,
falls es nicht klappt? Mir täts leid.
Mit freundlichem Gruß
Ihr Erwin Sanders

PS Ich muß es tun. Es geht nicht anders.

Robert Gernhardt an F. W. Bernstein

Lieber Fritz,
in fünfzig Jahren
wirst Du im Detail erfahren,
was in jener Nacht geschah,
als ich in den Kühlschrank sah.
Soviel nur sei jetzt verraten:
Es war eine von den Taten,
derer ich mich heute schäme,
ja, ich bäte Gott, er nähme
diese Schuld von mir, gäb's einen,
doch es gibt ja leider keinen.
Dafür, Fritz, gibt's mir zu denken,
Dich vermehrt in Kneipen, Schenken,
selbst in Piesen aufzuspüren –
Fritz, wohin soll das noch führen?
Fritz, sag nicht: Ich nasch dort nur
von dem Nektar der Natur –
Fritz! Das Zeug ist Alkohol!
Darum solltest Du jetzt wohl
in gedrängter Form erfahren,
was sie sind. Und was sie waren,
jene Tränke.
Fritz, bedenke:
Solange es den Menschen gibt,
hat der Mensch den Trunk geliebt.
Doch wußte er sein Trinkverhalten
höchst unterschiedlich zu gestalten.
So gleichen manche Menschen Elchen,
nippen flink an allen Kelchen,

andre ähneln trägen Schwalben,
sitzen stundenlang vorm Halben,
wieder andre gleichen Staren,
die sich um die Klaren scharen,
jene sind beim Weine mäßig,
diese saufen schweinemäßig –
und vor all diesen Extremen
heißt es, sich in acht zu nehmen.
Fritz, es gibt zwar die Getränke,
doch als Danaergeschenke
stehen sie in unsren Schränken,
darum bitt ich zu bedenken:
Wer nicht trinkt, wird abstinent,
das sagt einer, der das kennt,
was man leichthin »Leben« nennt.
Fritz,
das muß für's erste reichen.
Dir und allen Deinesgleichen
ruf ich zu: Macht weiter so,
aber ändert euch! Dein Ro
bert.

PS Du fragst nach dem Assessor.
Mit dem Assessor gehts schon besser.
Man hat ihm seinen Kopf entfernt,
das hat den Strolch Respekt gelernt.
Ja, Putzi ist jetzt wieder lieb.
Das heißt, das, was von Putzi blieb.
Und grade sagt mir dieser Rest,
daß er Dich herzlich grüßen läßt.

Wer von den Fünfen bist Du?

Wie lange kann man sich selber betrügen –
das ist die Frage.
Beim einen dauert es lediglich Stunden,
beim anderen Tage.
Der dritte bringt es auf mehrere Wochen,
der vierte auf Jahre.
Der fünfte glaubt, in der Wiegen zu liegen,
und liegt auf der Bahre.

Erinnerung an eine Begegnung in Duderstadt

»Sie haben die Züge dessen,
der viel gelitten hat«,
sagte mir zögernd die Fremde
im Bahnhof von Duderstadt.

Ich blickte ihr in die Augen,
sie waren so tief und so klug.
Nur ungern gestand ich die Wahrheit:
»Madame, mir gehört hier kein Zug.

Die Züge, die Sie hier sehen,
gehörn einem anderen Mann.
Sein Vorname lautet schlicht ›Bundes‹,
sein Nachname aber heißt ›Bahn‹.«

Wie schaute die Fremde so zweifelnd,
wie nahte der Zug sich so rot,
wie hob der Beamte die Kelle,
stünd’ ich nochmal an der Stelle,
ich wünschte, er schlüge mich tot.

Der Nachbar

Alles ist eitel, eins aber stört:

Der Nachbar, der mit schwerer Hand
nach deinem Hörnchen greift,
es anbeißt und dann liegen läßt,
weil es, meint er, nicht schmeckt,

der leise schnaufend »Scheiße« sagt
und auf das Hörnchen zeigt,
dann noch ein weitres Stück abbricht,
das er sich in den Mund tut,

der kaut und zu verstehen gibt,
er ließe es zurückgehn,
das Hörnchen, dessen Zipfel nun
ganz krümlig auf dem Tisch liegt,

der auch den Zipfel noch verspeist
und sehr verärgert meint:
»Sie sitzen da und lassen mich
hier die ganze Drecksarbeit tun«.

Auf und zu und ab und an

AN DIE DAMEN

Verehrt nicht jene schiechen Herren,
die besser nicht geboren wären.
Ich bin bei Gott nochmal so schön –
ich bitte, zu mir aufzusehn.

AN DIE HERREN

Ach blickt nicht dauernd zu den Enten,
die tun, als ob sie fliegen könnten.
Das kann ich doch genau so schön –
ich bitte, mir mal zuzusehn.

AN ALLE

Ja, feiert nur auf euren Festen,
doch zählt nicht mich zu euren Gästen.
Mit mir ist es nur halb so schön –
ich bitte, von mir abzusehn.

V DER VORHUT

Wörtersee

Gleißt auch des Lebens
grelle Glut,
tut auch sein Glanz den
Augen weh –
ich schreibe. Und die
Bilderflut
verströmt, verebbt im
Wörtersee.

Du da

Du, komm mal her und hör mal zu.
Du nicht, du nicht, du auch nicht –
du!

Hand auf's Herz und Ohr auf's Bein –
möchtest du ein Spreizfuß sein?
Nein – sag nicht ja!
Bedenke erst,
ob du dadurch dein Glück vermehrst!
Ein Fuß ist Knecht –
wär dir d a s recht?

Dein Herr mag frieren oder heizen –
du mußt dich spreizen.
Er mag sich strecken oder hocken –
du steckst in Socken.
Um ihn herrscht Aufruhr oder Ruhe –
um dich sind Schuhe.
Dein Herr ist Opfer oder Täter –
auf dir, da steht er.

Willst du s o leben?
Gut, dann tu's.
Gib mir die Hand –
sei fortan Fuß.

Was ist Kunst

Hab'n Sie was mit Kunst am Hut?
Gut.
Denn ich möchte Ihnen allen
etwas auf den Wecker fallen.
Kunst ist was?
Das:
Kunst, das meint vor allen Dingen
andren Menschen Freude bringen
und aus vollen Schöpferhänden
Spaß bereiten, Frohsinn spenden,
denn die Kunst ist eins und zwar
heiter. Und sonst gar nichts. Klar?
Ob das klar ist? Sie ist heiter!
Heiter und sonst gar nichts weiter!
Heiter ist sie! Wird es bald?
Heiter! Hab'n Sie das geschnallt?
Ja? Dann folgt das Resümee;
bitte sehr:
Obenstehendes ist zwar
alles Lüge, gar nicht wahr,
und ich meinte es auch bloß
irgendwie als Denkanstoß –
aber wenn es jemand glaubt:
ist erlaubt.
Mag ja sein, daß wer das mag.
Guten Tag.

Lied ohne Worte
Im Indianerreservat

Indianergedicht

Als aber der Pferdehändler nicht abließ, auf
Winnetou einzuteufeln, bemerkte dieser in seiner
*ein*silbigen Art:

Mann, dein Pferd
ist nichts wert.
Hier: das Bein
ist zu klein.
Dort: das Ohr
steht nicht vor.
Da: der Gaul
hat kein Maul.
Schau: der Schwanz
fehlt ihm ganz.
Und es trabt
nicht so recht,
denn das Pferd
ist ein – Specht!
Du viel dumm,
ich viel klug.
Hugh!

Welt im Wandel

Da ich die seltene Gabe habe,
die Welt der Formen,
der Dinge, der Normen
nach eigenem Willen
zu löschen, zu füllen,
zu prägen, zu wandeln –
da ich so zu handeln
vermag, lieber Leser,
will ich Sie nun doch
nicht länger auf die
Folter spannen, sondern
frage Sie ganz
einfach:
Soll diese Flasche Rotwein

im nächsten Bild ein
Brot sein?
Ja? Bitte:

Ein Brot!

Na also!

Samstagabendfieber I

Samstagabendfieber II

Wenn mit großen Feuerwerken
Bürger froh das Dunkel feiern,
sich mit Bier und Fleischwurst stärken
und in die Rabatten reihern,

Wenn sie in den Handschuhfächern
kundig nach Kondomen tasten,
und die breiten Autos blechern
strahlend ineinanderhasten,

Wenn in Häusern bunte Schatten
herrlich aufeinander schießen,
sich verprügeln, sich begatten,
bis die letzten Kinos schließen,

Wenn dann in zu lauten Räumen
viele Menschen sich bewegen
und beim Lärmen davon träumen,
stumm einander flachzulegen,

Wenn am Ende Franz und Frieda
glücklich in der Falle liegen –:
Wer gedenkt dann jener, die da
noch eins in die Fresse kriegen?

Erzählung

Über dem Kragen der Nacken,
über dem Nacken das Haar,
über den Haaren ein seltsames Tier –
ein Kondor? Oder ein Aar?

Ein Habicht? Oder ein Sperber?
Ein Waldkauz? Oder ein Star?
Ach, ich hab völlig vergessen,
was für ein Vogel das war.

Ich weiß nur, darunter warn Haare,
und ein Nacken war unter dem Haar,
und unter dem Nacken ein Kragen,
und unter dem Kragen, da – Fahr

nicht so schnell, Erwin!
Wie soll man sich denn da
konzentrieren können!

Was wäre, wenn

Setzt, ich zöge einen Strich,

der hinten einem Hasen glich'

und dieser Hase schliefe —

ich gäb dem Strich was Grasiges

sehr Zittriges, kaum Hasiges,

das sich im Sand verliefe.

Was ist spannend?
Duett zwischen mir und dem Chor der Speichellecker

ICH
Ist es spannend, fernzusehn?
CHOR DER SPEICHELLECKER
Nein, das ist nicht spannend
ICH
Oder Gott, den Herrn zu sehn?
CHOR DER SPEICHELLECKER
Nein, das ist überhaupt nicht spannend
ICH
Ist es spannend, wenn wer zeigt
CHOR DER SPEICHELLECKER
Das ist doch nicht spannend
ICH
Wie man eine Frau besteigt?
CHOR DER SPEICHELLECKER
Das ist nie und nimmer spannend
ICH
Ist es spannend, wenn bei Nacht
CHOR DER SPEICHELLECKER
Wie denn? Das und spannend?
ICH
Jemand Lehm zu Rotgold macht?
CHOR DER SPEICHELLECKER
Was immer das sein mag, spannend ist es unter
gar keinen Umständen
ICH
Ist es spannend, zu erfahr'n
CHOR DER SPEICHELLECKER
Iiii, das ist ja zum Einschlafen!
ICH
Wer die ersten Menschen war'n?

CHOR DER SPEICHELLECKER
Gleich sterben wir aber vor Langeweile!
ICH
Ist es spannend, wenn ich sag'
CHOR DER SPEICHELLECKER
Langsam wird es spannend
ICH
Daß ich keinen Brusttee mag?
CHOR DER SPEICHELLECKER
Holla! Das klingt spannend!
ICH
Oder wenn ich offenbar'
CHOR DER SPEICHELLECKER
Das ist aber nun mal wirklich spannend!
ICH
Daß ich schon in Goslar war?
CHOR DER SPEICHELLECKER
Ja ist denn das die Möglichkeit? Erzählt uns
mehr davon! Rasch!
ICH
Ist es spannend, wenn ihr hört
CHOR DER SPEICHELLECKER
Was denn? O, so redet!
ICH
Daß mich euer Beifall stört?
CHOR DER SPEICHELLECKER
Herr! Nur der, dem jedet
Jefühl für Spannung aba auch
völlich abhanden jekommen ist,
könnte eure Worte nich als det
Nonplusultra des Nervenkitzels empfinden!

Nichtzutreffendes bitte streichen

Der bleiche Deichgraf war erst sechzehn Jahre alt.
Sein Auge schaute trüb und/oder kalt.
Ihm war so traurig.

Da trat ein Herr/Frau/Fräulein ins Gemach,
ein seltsam Wesen, das die Worte sprach,
sie war'n so schaurig:

»Ich bin ein Geist, ich finde niemals Frieden.«
Und damit ist er ledig/verh./geschieden
in Richtung Aurich.

Zum Muttertag
Ein Liedfragment

Mama –
kein einziges Wort auf der Welt
das so viele Ma's enthält
wie Mama.
Ja –
Kaktushecke hat mehr Ka's
Braunbärbabies hat mehr Be's
Erdbeerbecher hat mehr E's
Schamhaaransatz hat mehr A's –
aber Ma's?
Koblenz hat keine Ma
München hat so gut wie keine Ma
Mannheim hat nur eine Ma
doch welche Stadt hat zwei Ma?
Na?
Göttingen
Ja!
Denn dort wohnt meine
Mama.

Striche und Sprüche

Dieser Strich ist ohne Makel

doch er endet im Gekrakel.

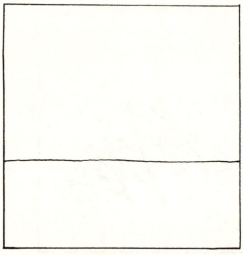

Dieser Strich erschauert leicht

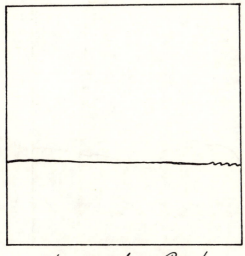

ehe es den Rand erreicht.

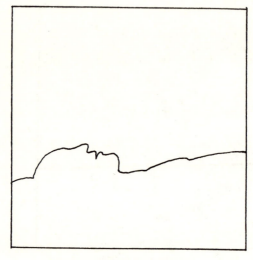

Dieser Strich ist
anfangs schön

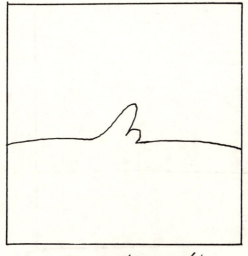

später wird er recht
obszön.

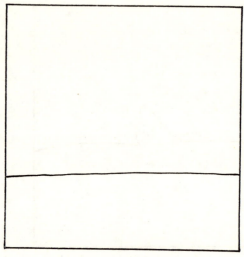

Das Ende dieses Striches
sieht

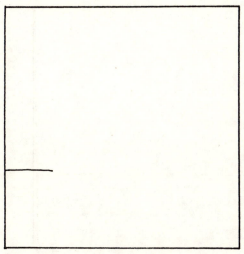

nur der, der stets die
Sünde flieht.

Dieser Strich ist
unsichtbar

Weil die Tasche
alle war.

Banger Moment

Liebling, horch, die Zeit bleibt stehn –
sei mal ruhig, bitte!
Eben waren da noch Schritte,
eben noch schien sie zu gehn,

doch nun steht sie. Sprungbereit?
Selbstversunken? Lauernd?
Angelehnt? Verschnaufend? Kauernd?
Horchend? Ach, du liebe Zeit –

aber still, mein Schatz, da sind
wieder Laute. Heftig
strömt da was. Ein frisches Fließen
wird zu stetigem Ergießen,
unbeirrt und kräftig –
Liebling, horch! Die Zeit verrinnt.

Setzen, Stellen, Legen u. a.

Was hast du denn da angestellt
mit dem, was ich da aufgestellt?
Du hast dich nicht nur drangestellt
du hast dich auch noch draufgestellt.

Der Deckel war schon draufgemacht
ich dachte, nun sei's eingemacht
du hast es wieder aufgemacht
dich draufgestellt und reingemacht.

Ich hatte alles drangesetzt
ich hatte mich so eingesetzt
doch kaum war alles angesetzt
da hast du dich schon reingesetzt.

Was heißt das, ich sei aufgebracht?
Wer hat das Zeug denn reingebracht?
Ich selber hab es raufgebracht –
und was hat mir das eingebracht?

Wie schön war alles eingelegt!
Wie hatte ich mich krummgelegt!
Einmal hast du mich reingelegt.
Nochmal – und du wirst umgelegt!

Ach, Erika

Ach Erika, mein Kind, mein Reh,
schon wenn ich dich von weitem seh,
zieh ich mein Messer.

Mein Messer ist sehr nackt und breit,
es hat nicht Schuh, nicht Strumpf, nicht Kleid,
und nun sieh dich an.

Du bist so schön wie Schnee und Blut,
hast Schuh und Strumpf und Kleid und Hut,
die leg mal ab, Schatz.

Jetzt stehst du da, wie Gott dich schuf,
ganz ohne Schweif und Horn und Huf,
und nun sieh mich an.

Ach Erika, mein Reh, mein Kind,
die Menschen sind so, wie sie sind,
doch ich bin keiner.

Unmöglich

Was man nicht zeichnen kann:
den Schatten der Spitze des Kulis*
mit Hilfe der Spitze des Kulis.**
Weil: sie bewegt sich dann,
die Spitze des Kulis.***

* lies Kugelschreibers
** sprich Kugelschreibers
*** schrei Kugelschreibers

Der Tag, an dem das   verschwand

Am Tag, an dem das   verschwand,
da war die uft vo Kagen.
Den Dichtern, ach, verschug es gatt
ihr Singen und ihr Sagen.

Nun gut. Sie haben sich gefasst.
Man sieht sie wieder schreiben.
Jedoch:
Soang das   nicht wiederkehrt,
muß aes Fickwerk beiben.

Trost und Rat

Ja wer wird denn gleich verzweifeln,
weil er klein und laut und dumm ist?
Jedes Leben endet. Leb so,
daß du, wenn dein Leben um ist

von dir sagen kannst: Na wenn schon!
Ist mein Leben jetzt auch um,
habe ich doch was geleistet:
ich war klein u n d laut u n d dumm.

Die Nacht, die Braut, der Tag

Die Nacht steht um das Haus
die Nacht sieht finster aus
die Nacht hat einen schwarzen Hund
den führt die Nacht nicht ohne Grund
am Kettchen

Die Braut ist bleich und weint
die Braut liegt wie versteint
die Braut hat einen Bräutigam
der ihr das Allerliebste nahm
das Bettchen

Der Tag ist hell und lacht
der Tag vertreibt die Nacht
der Tag hat rundherum gesiegt
und alles schweigt nur ferne quiekt
ein Frettchen.

Frisch gereimt ...

Die Sprache des Bären

Hebt der Bär die rechte Pranke,
heißt das „Danke".

Hebt der Bär auch noch die linke,
heißt das „Dinke".

Hebt der Bär sodann die dritte,
heißt das „Bitte".

Hebt er auch die vierte, hatte
er noch was zu sagen: „Batte."

Kurts italienische Reise

Pisa

Warum fliegt der Turm nicht fort?
Ihn hält Kurt!

Rom

Warum sagt der Papst kein Wort?
Heut spricht Kurt!

Sizilien

Warum grollt der Ätna derart?
Wegen Kurt!

Der große Atem

Ein großer Atem weht durch sie,
durch diese kurzen Zeilen.
Er weht von links,
er weht von rechts,
nur um euch mitzuteilen:

Ich blas' hier alles krumm und schief
weil mich ein Gott dazu berief.
Ist Gott von Max und Moses.
                    gez. Atem großes

Und es gibt Tiere

Und es gibt Tiere, die im Dunkeln schreien,
nicht schreien, krächzen,
nein, nicht krächzen, lallen,
nicht lallen, bellen, nein nicht bellen,
wimmern, nicht wimmern, singen!
Singen: Nachtigallen.

Geständnis

Ihr fragt nach meinem Lieblingssport?
Nun gut, es ist der Mord.

Ja, ich sag's laut, ich morde gern,
besonders, wenn es heiß ist,
und wenn das Wasser in dem See
so klar und kalt wie Eis ist.

Dann ziehe ich die Kleider aus
und springe in die Wellen,
um dort mit Karpfen, Barsch und Aal
durchs kühle Naß zu schnellen.

Ja Bürger, lache nur getrost
und bleib in deinem Bette –
ich morde derweil frisch und froh
mit Fischen um die Wette.

Wie? Was?
Ich hör' ein Widerwort?
Der Sport heißt Schwimmen?
Und nicht Mord?
Wie war das nochmal?
Schwimmen?
Moment – ihr seht mich sehr verwirrt . . .
Mein Gott – vielleicht hab' ich geirrt . . .
Doch – Schwimmen könnte stimmen.

Fragen der Zeit

Wie ich's gern hätt'

Alle Haare im Gesicht
und den Mund voll Watte
und im Bauch ein Tier, das sticht —
so wünsch ich mir die Ratte.

Dreißigwortegedicht

Siebzehn Worte schreibe ich
auf dies leere Blatt,
acht hab' ich bereits vertan,
jetzt schon sechzehn und
es hat alles längst mehr keinen Sinn,
ich schreibe lieber dreissig hin:
dreissig.

Testament

Wo ist die Kasse?
Wo ist der Stift?
Wo ist die Tasse?
Wo ist das Gift?

Da liegt ja die Kasse!
Da steckt ja der Stift!
Da steht ja die Tasse!
Da ist ja das Gift!

Sie kriegt die Kasse.
Er kriegt den Stift.
Du kriegst die Tasse.
Ich nehm das Gift.

Was wäre, wenn (2)

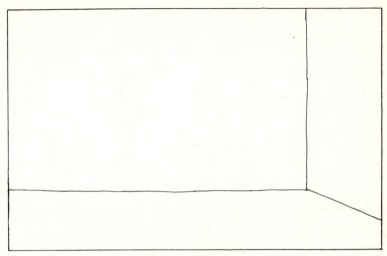

Gesetzt den Fall, dies sei ein Saal

in den ich einen Biber mal'

und dieser Biber gähnte

ich kleidete ihn prächtig ein

gäb' ihm noch einen Heiligenschein

und löschte das Erwähnte.

Alltag

Ich erhebe mich.
Ich kratze mich.
Ich wasche mich.
Ich ziehe mich an.
Ich stärke mich.
Ich begebe mich zur Arbeit.
Ich informiere mich.
Ich wundere mich.
Ich ärgere mich.
Ich beschwere mich.
Ich rechtfertige mich.
Ich reiße mich am Riemen.
Ich entschuldige mich.
Ich beeile mich.
Ich verabschiede mich.
Ich setze mich in ein Lokal.
Ich sättige mich.
Ich betrinke mich.
Ich amüsiere mich etwas.
Ich mache mich auf den Heimweg.
Ich wasche mich.
Ich ziehe mich aus.
Ich fühle mich sehr müde.
Ich lege mich schnell hin:

Was soll aus mir mal werden,
wenn ich mal nicht mehr bin?

Bitte ausschneiden und bei Bedarf vorlegen

Leis öffnet sich das Tor zur Nacht,
es wird von einem Hund bewacht,
der stumm auf einen Stern starrt.
Der Hund läßt jeden durch das Tor,
legt er ihm diese Zeilen vor
gez. Robert Gernhardt

Ermutigung

Hach,
wer wird denn ängstlich
Hach schrein?
Laßt uns
schwach sein!

Auf ein letztes Blatt geschrieben

Das letzte Blatt, es starrt mich an,
so einsam, leer und fahl.
He, letztes Blatt, das tut man nicht,
zur Strafe, da bemal' ich dich —
womit ich dich bemal'?

Mit einer — bitte starr nicht so,
du machst mich ganz nervös,
mit einer, nein, so geht das nicht
dein Starren, das behindert mich,
hör auf, sonst werd' ich bös'!

Ich mal jetzt eine — laß das doch!
Dein Starr'n macht mich noch toll!
Ich mal — nein ich bemal dich nicht
zur Strafe, da beschreib' ich dich
nicht mal — bist eh schon voll.

Sprechen und Schweigen

Mir steht das Wort ja sowas zu Gebot –
geht es um Lippen, sage ich nur »rot«;
ich sage »rot«, und jeder sieht die Dinger
direkt vor sich und leckt sich seine Finger.

Mir ist die Sprache sowas von vertraut –
verlobt sich eine Frau, nenn' ich sie »Braut«;
ich nenn' sie »Braut«, und sogleich spür'n die Knaben:
dies schöne Kind ist vorerst nicht zu haben.

Mir fallen Sätze so etwas von leicht –
ist was erreicht, sag ich »Es ist erreicht.«
Nur diesen Satz. Den Rest kann ich mir schenken.
Denn was erreicht ist, kann sich jeder denken.

Mir geht das Schweigen so etwas von nah –
es gibt mir das Gefühl, ich sei nicht da.
Sei ausgelöscht. Verschwunden. Sie versteh'n?
So hör'n Sie doch! Schon bin ich nicht zu seh'n:

Inhalt

I VERTRAUTE LAUTE

Komm, erstes Wort   9
Schwanengesang   10
Paris ojaja   11
3001 – Ufos greifen an   12
Ein Septembernachmittag in der Heide   16
Dringliche Anfrage   17
Doch da ist noch ein Falter   18
Folgen der Trunksucht   20
Die Sache will's   21
Der Mördermarder   22
Erlebnis auf einer Rheinreise   23
Der Beweis   24
Neues vom Nashorn   28
Schneewittchen '80   29
Energiepolitik   30
Der Forscher und die Schlange   35
Berliner Trilogie   36
Versuche nur   42
Zeichenschule I   44
Zeichenschule II   45
Zeichenschule III   46
Der Atelierbesuch   47
Lied   49
Wie tun es die anderen?   50
Bilden Sie mal einen Satz mit . . .   51
Vergebliches Wünschen   52
Goldene Worte   53
Vom Fuchs und der Gans   56
Bitte mitsingen   57
Das Schweigen der Kissen   59
Plädoyer   60

Was ich heut sah   61
Alles über den Konsul   62
Begegnung mit einem Geist   66
Ermutigung   68
Ende einer Legende   70
Volkslied   71
Jener, jene, jenes   72
Die allzufröhlichen Mönche   78
Rätsel   81
Umgang mit Tieren   82
Weils so schön war   83
Ein Vater spricht   84
Bilden Sie mal noch einen Satz mit . . .   85
Ökumenischer Dialog   86
Wer bin ich   87
Am Telefon   88
Pferde-Schmählied   89
Was die Sprache verrät   92
Schreiben heute   93
Paarreime in absteigender Linie   94
Noch ein Rätsel   96

II VORBILD UND NACHBILD
Fragen eines lesenden Bankdirektors   99
Nimm und lies   100
Ein zeitkritisches Gedicht   103
Zu einem Satz von Mörike   104
Zu zwei Sätzen von Eichendorff   105
Das Scheitern einer Ballade   106
Mondgedicht   107
Philosophie – Geschichte   108
Wenn sich   109
Pharaos Fluch   110
Ein Sonntagnachmittag bei Strindbergs   111
Amor und der Tapir   112
Galerie der Meister   118

Benn im Bild 131
Moin, Moin, Morgenstern 138
Mademoiselle Magritte 139
Lied ohne Worte 144
Das Nichts und das Sein 147
Lieschen aus Weimar 148
1 Versuch, 1 Buch von Arno Schmidt
  auf 4 Zeilen und 4 Bilder zu komprimieren 152
Ludwig van B. im Urteil der Nachwelt 154
Die großen Monologe 156
Lilith 159
Wenn der Vater mit dem Sohne . . . 160
Auf der Fahrt von Ringel nach Natz notiert 161
Vater und Sohn I 162
Vater und Sohn II 163
Materialien zu einer Kritik der bekanntesten
  Gedichtform italienischen Ursprungs 164
Psalm 165
Groß, größer, am größten 166
Deutung eines allegorischen Gemäldes 169
Die Nacht, das Glück, der Tod 170
Terzinen über die Vergeßlichkeit 172

III DICHTER DORLAMM
Lokal-Bericht 175
Entstehungsgeschichte 176
Das Brüllen 177
Der Bund 178
Reich der Sinne 179
Dorlamm liest 180
Die Bilanz 181
Was ist Elektrizität? 182
Dorlamm meint 183
Die letzte Reise 184

IV SPASSMACHER UND ERNSTMACHER

Als er sich mit vierzig im Spiegel sah   187
Tagesbefehl   188
Die Welt und ich   189
Der große und der kleine Künstler   190
Die Tanzenden   191
Sherlock Holmes' übelster Fall   194
Einmal hin und zurück   200
Welt, Raum und Zeit   201
Der wilde Hans   202
Nach Paris   203
Umgang mit Tieren aus der Tiefe   204
Ebbe und Flut   205
Der rätselhafte Geistergast   206
Ich selbst   207
Die kaiserliche Botschaft   209
Am Abend   210
Lied der Männer   211
usw. usf.   212
Trost im Gedicht   213
Der Sommer in Montaio   214
Stunde der Wahrheit   218
Birnes Problem   220
Media in Vita   222
Ein Abenteuer Casanovas   223
Geschichte einer Beziehung   224
Lied ohne Worte   226
Mein sei mein ganzes Herz   227
Im Garten   230
Aus der Welt der Technik   232
Ganz kleiner Versuch über die Angst   233
Und, und, und   234
Die Schattenwerfer   240
Unbeschreiblich!   241
Vater und Söhne   242
Frage und Antwort   244

Ein Sonntag   246
Das Ende einer Doppelbegabung –
   von ihr selbst erzählt   247
Der unwürdige Inquisitor   248
Schreiben, die bleiben   250
Wer von den Fünfen bist Du?   255
Erinnerung an eine Begegnung in Duderstadt   256
Der Nachbar   257
Auf und zu und ab und an   258

V DER VORHUT
Wörtersee   261
Du da   262
Was ist Kunst   263
Lied ohne Worte   264
Indianergedicht   265
Welt im Wandel   266
Samstagabendfieber I   268
Samstagabendfieber II   269
Erzählung   270
Was wäre, wenn   271
Was ist spannend?   272
Nichtzutreffendes bitte streichen   274
Zum Muttertag   275
Striche und Sprüche   276
Banger Moment   286
Setzen, Stellen, Legen u. a.   287
Ach, Erika   288
Unmöglich   289
Der Tag, an dem das   verschwand   290
Trost und Rat   291
Die Nacht, die Braut, der Tag   292
Frisch gereimt...   293
Die Sprache des Bären   294
Kurts italienische Reise   296
Der große Atem   298
Und es gibt Tiere   299

Geständnis   300
Fragen der Zeit   301
Wie ich's gern hätt'   302
Dreißigwortegedicht   303
Testament   304
Was wäre, wenn (2)   305
Alltag   308
Bitte ausschneiden und bei Bedarf vorlegen   309
Ermutigung   310
Auf ein letztes Blatt geschrieben   311
Sprechen und Schweigen   312